Petra Jahr
Sabine Kelkel

10 Minuten für meine Schüler*innen

KONZENTRATION fördern

Mit effektiven Übungen Wahrnehmung und Aufmerksamkeit schulen

Verlag an der Ruhr

Impressum

Titel

10 Minuten für meine Schüler*innen – Konzentration fördern
Mit effektiven Übungen Wahrnehmung und Aufmerksamkeit schulen

Autorinnen

Petra Jahr und Sabine Kelkel

Umschlagmotive und Innenteil

Wassertropfen © digieye, Papierstruktur © srckomkrit, Icon Sprechblase © supanut – alle stock.adobe.com

Lektorat

Melanie Schölzke

Druck

Heenemann GmbH & Co. KG, Berlin, DE

Verlag an der Ruhr
Mülheim an der Ruhr
www.verlagruhr.de

Geeignet für die Klassen 5–10

ISBN 978-3-8346-4328-5

Inhaltsverzeichnis

Vorwort

Ohne Konzentration können Schüler*innen nichts lernen, sich nichts merken und keine guten Noten erzielen. Ohne Konzentration ist das Gehirn tatsächlich nicht 100-prozentig leistungsfähig – Konzentration ist für Lernerfolg grundsätzlich wichtig und entscheidend, daran sollte man die Schüler*innen auch immer mal wieder erinnern. Dabei ist Konzentration nicht nur ein Zeichen mentaler Stärke, sie bewirkt zudem, dass man weniger Fehler macht, mehr leisten und bessere sowie schnellere Ergebnisse erzielen kann.
Allerdings ist Konzentration auch anstrengend, sie kostet Energie. Nach einiger Zeit konzentrierten Arbeitens wird man müde und braucht eine Pause. Zusätzlich wirkt sich vielerlei negativ auf die Konzentration aus: Ablenkungen durch Mitschüler*innen, Geräusche von außen etwa, Über- oder Unterforderung und eine geringe Frustrationstoleranz, wenn z. B. eine Aufgabe mehr Mühe kostet als erwartet. Notendruck und Erwartungshaltungen von Eltern und Lehrer*innen sind nur einige weitere Beispiele für nicht förderliche Einflussfaktoren. Sie alle blockieren Schüler*innen in ihrem Lernverhalten und ziehen Konzentrationsschwächen und weitere Schwierigkeiten nach sich.
Tatsächlich zeichnet sich das Arbeitsverhalten vieler Schüler*innen dadurch aus, dass es sehr unkonzentriert ist, es wird dadurch ungenau. Die Schüler*innen arbeiten flüchtig, nehmen sich kaum Zeit, die Aufgabenstellungen richtig zu lesen und zu begreifen. Bei Leistungskontrollen arbeiten sie ohne Konzentration und Plan einfach drauflos, „springen" zwischen den Aufgaben hin und her und verlieren dabei den Überblick. Ihre Ergebnisse überprüft diese Gruppe von Schüler*innen nicht und arbeitet häufig impulsiv statt reflexiv. Es gibt aber noch eine zweite Gruppe, die sich an einer Aufgabe festbeißt und die dadurch sehr langsam arbeitet. Diese Schüler*innen haben kein Konzept, durch fehlendes Zeitmanagement kommt es bei ihnen zu Konzentrationseinbrüchen durch Ermüdung.
Die Fähigkeit, sich über eine gewisse Zeit konzentrieren zu können, hat zum einen mit der Steuerung der eigenen Gedanken und Gefühle zu tun, zum anderen mit der der Sinne (wie Hören, Sehen, Fühlen, Riechen, Schmecken sowie Gleichgewichts- und Bewegungssinn). Sind jedoch unsere Sinne mit Reizen oder Informationen überfrachtet, fällt die Konzentration auf eine Sache schwer. Ist die Konzentration erst einmal weg, ist es gar nicht so einfach, diese wiederzugewinnen.

Der Verlag an der Ruhr legt großen Wert auf eine geschlechtergerechte und inklusive Sprache. Daher nutzen wir bevorzugt das Gendersternchen, um sowohl männliche und weibliche als auch nichtbinäre Geschlechtsidentitäten einzuschließen. Alternativ verwenden wir neutrale Formulierungen.

Konzentrationsschwierigkeiten können u. a. darin bestehen,

- ➪ sich einer Aufgabe gezielt zuzuwenden,
- ➪ eine Aufgabe über einen längeren Zeitraum zu bearbeiten,
- ➪ Aufgabenirrelevantes auszublenden,
- ➪ die Aufgabe in angemessener Zeit zu beenden,
- ➪ die Aufmerksamkeit aufrechtzuerhalten.

Die Übungen in diesem Buch zielen u. a. auf folgende Konzentrations- und Aufmerksamkeitsleistungen ab:

- ➪ **Daueraufmerksamkeit**
  Die Schulung der Daueraufmerksamkeit hat zum Ziel, dass die Schüler*innen der Lehrkraft im Frontalunterricht über einen längeren Zeitraum folgen können.
- ➪ **Aufmerksamkeitsaktivierung**
  Das Training der Aufmerksamkeitsaktivierung erleichtert es den Schüler*innen, vom Zuhören zum Antworten zu wechseln, wenn die Lehrkraft eine Frage stellt.
- ➪ **Selektive und fokussierende Aufmerksamkeit**
  Damit sich die Schüler*innen im Unterricht nicht von anderen Personen und von abschweifenden Gedanken stören lassen – z. B. von Nachbar*innen während einer Stillarbeit oder durch Überlegungen zu Freizeitaktivitäten –, wird eine Verbesserung der selektiven und fokussierenden Aufmerksamkeit anvisiert.
- ➪ **Geteilte Aufmerksamkeit**
  Die geteilte Aufmerksamkeit ist notwendig, wenn die Schüler*innen gleichzeitig etwas von der Tafel abschreiben und den Erläuterungen der Lehrkraft folgen müssen.

Die Übungen zur Konzentration stammen zwar aus unterschiedlichen Bereichen, (z. B. gibt es Wort- und Zahlenübungen), gleichermaßen helfen sie den Schüler*innen aber, ihre Konzentrationsfähigkeit auf spielerische Weise zu trainieren. Dabei vernetzen sich verschiedene Areale im Gehirn. Je besser diese Areale vernetzt sind, desto effektiver ist die Konzentrationsfähigkeit.

Zu Beginn eines jeden Kapitels gehen wir jeweils darauf ein, in welchem konkreten Zusammenhang die Übungen stehen und wie sie die Steigerung der Konzentration unterstützen. So verbessern die Übungen für die Konzentration u. a. auch das bildhafte Vorstellungsvermögen, die Fantasie und Kreativität sowie den Wortschatz.

Die aufgeführten Übungsvorschläge haben insgesamt einen **hohen Aufforderungscharakter** und außerdem macht das Training Spaß. Letztlich wird die Motivation dadurch hochgehalten und die Schüler*innen werden zum Mitmachen animiert.

Die Übungen können **sowohl als Einzel-, Partner- oder Gruppenarbeit** durchgeführt werden **als auch im Plenum**.
Sie sind dabei als beispielhaft anzusehen und lassen sich selbstverständlich jederzeit **an die individuelle Lernsituation anpassen**.
Alle Einheiten sind so konzipiert, dass sie **ohne große Vorbereitung** durchgeführt werden können bzw. sofort einsetzbar sind.
Damit einige Arbeitsanweisungen deutlicher werden, kann der Einsatz der **Tafel** ebenso hilfreich sein wie der von **Schreibutensilien** (Stift und Block) für die Schüler*innen.
Zu vielen Aufgaben gibt es **Varianten**, um den Schwierigkeitsgrad abwandeln zu können oder um sie in einem speziellen Fach, z. B. im Englischunterricht, zu nutzen.
Wie viel **Zeit** benötigt wird, das kann je nach Klassen- sowie Leistungsstärke der Schüler*innen variieren. Falls eine Übung länger als 10 Minuten dauern sollte, können die verbleibenden Aufgaben zu einem späteren Zeitpunkt Anwendung finden.

Wir wünschen Ihnen und Ihren Schüler*innen viel Spaß bei der Umsetzung.
Ihr Autorenteam
Petra Jahr und Sabine Kelkel

1

KAPITEL

KONZENTRATION durch Wortübungen

Warum Wortübungen?

Täglich lernen die Schüler*innen neue Wörter. Diese speichert ihr Gehirn im Laufe ihres Lebens ab. So entsteht in den Köpfen eine Sammlung – auch Wortschatz genannt –, aus der die Schüler*innen Wörter auswählen, wenn sie selbst etwas sagen oder schreiben möchten.
Zum passiven Wortschatz zählen alle Wörter, die die Schüler*innen kennen oder erkennen. Durch den passiven Wortschatz können gesprochene oder geschriebene Wörter und Texte verstanden werden, indem die Bedeutung der gehörten oder gelesenen Wörter aus dem Gedächtnis abgerufen wird.
Zum aktiven Wortschatz zählen all diejenigen Wörter, die verwendet werden. Durch ihn können die Schüler*innen sich verständlich ausdrücken, wenn sie sich ein bestimmtes Wort mit entsprechender Bedeutung aus dem Gedächtnis abrufen. Je größer der aktive Wortschatz ist, desto weniger Energie verbraucht das Gehirn beim Abrufen der Wörter, es kann sich somit länger fokussieren. Dies wirkt sich positiv auf die Konzentrationsfähigkeit aus.
Schüler*innen mit einem höheren aktiven Wortschatz sind zudem befähigt, effizienter und konzentrierter zu lesen, da sie über die Bedeutung nicht nachzudenken brauchen. Dadurch erhöht sich bei ihnen automatisch das Aufnahmevermögen und das Textverständnis.
Die nachfolgenden Übungen trainieren das Vermögen, Wörter aus beiden Wortschätzen abzurufen. Sie unterstützen zudem die Schüler*innen, sich ihres Wortschatzes bewusst zu werden und ihn zu erweitern und die Konzentrationsspanne infolgedessen zu vergrößern.

Die verwendeten Wortübungen sind:

Beziehungskiste

Materialien pro Gruppe: 1 Block und 1 Stift

Alter Klasse 5–7 und Klasse 8–10

Zielsetzung
- ✓ Wortfindung fokussieren
- ✓ Urteilsfähigkeit verbessern
- ✓ assoziatives Denken verbessern
- ✓ aktiven und passiven Wortschatz stärken
- ✓ Aufmerksamkeitsaktivierung trainieren

Durchführung Teilen Sie die Schüler*innen in Kleingruppen à vier bis sechs Personen ein. Die Schüler*innen sollen sich über das zu findende Lösungswort beraten, es dann schriftlich festhalten und nicht in die Klasse rufen. Lesen Sie dann aus der unten stehenden Liste das erste Beziehungspaar vor („Euro zu Deutschland wie ... zu England“).
Am Ende der Übung werden die Ergebnisse im Plenum verglichen. Hierzu lesen die Gruppen ihre Lösungen im Wechsel vor.
Das Lösungswort ist fett markiert.

Beziehungskiste für Klasse 5–7

1. Euro zu Deutschland wie ... zu England. **(Pfund)**
2. Amsel zu Singvogel wie Sperber zu ... **(Greifvogel)**
3. Klavier zu Tasteninstrument wie Horn zu ... **(Blechblasinstrument)**
4. Perle zu Muschel wie ... zu Stoßzahn. **(Elfenbein)**
5. Kreta zu Griechenland wie Ibiza zu ... **(Spanien)**
6. Schwarz-Rot-Gold zu Deutschland wie ... zu Italien. **(Grün-Weiß-Rot)**
7. Kaulquappe zu Frosch wie ... zu Schmetterling. **(Raupe)**
8. Summe zu Addition wie ... zu Multiplikation. **(Produkt)**
9. Hannover zu Niedersachsen wie Wiesbaden zu ... **(Hessen)**
10. Apfel zu Baum wie Banane zu ... **(Staude)**

Beziehungskiste für Klasse 8–10

1. Yen zu Japan wie ... zu Thailand. **(Baht)**
2. Spatz zu Sperling wie Silberlöwe zu ... **(Puma)**
3. Longe zu Laufleine wie Lasso zu ... **(Wurfseil/Seilschlinge)**
4. Wigwam zu Native Americans wie Iglu zu ... **(Inuit)**
5. König zu Monarchie wie Parlament zu ... **(Demokratie)**
6. Canberra zu Australien wie ... zu Neuseeland. **(Wellington)**
7. Fahrstuhl zu Lift wie ... zu Etage. **(Stockwerk/Geschoss)**
8. Botanik zu Pflanzenkunde wie Ornithologie zu ... **(Vogelkunde)**
9. Wisent zu Wildrind wie Mufflon zu ... **(Wildschaf)**
10. Apachen zu USA wie ... zu Mexiko. **(Azteken/Maya)**

Abc-Story

Alter Klasse 5–10

Zielsetzung
✓ aktive Wortfindung trainieren
✓ Formulierungsfähigkeit verbessern
✓ Fantasie anregen

Durchführung Bei dieser Wortübung wird eine gemeinsame Geschichte kreiert. Dazu formulieren die Schüler*innen reihum frei einen Satz. Da es sich bei dieser Übung um eine Abc-Story handelt, besteht die Vorgabe, dass die Anfangswörter der Sätze eine alphabetische Reihenfolge ergeben. Ein Beispiel:
Schüler*in 1: „**A**lex hat zum Geburtstag einen Hund bekommen."
Schüler*in 2: „**B**esonders gern spielt er mit ihm Ball."
Schüler*in 3: „**C**hamäleon Charlie sieht zu …"

Varianten

1. Ein*e Schüler*in beginnt. Wer einen passenden Satz mit dem nächsten Buchstaben des Alphabets bilden kann, meldet sich und macht weiter.
2. Die Geschichte wird nicht in alphabetischer Reihenfolge erzählt, stattdessen verwenden die Schüler*innen den Anfangsbuchstaben ihres Vornamens und beginnen damit den nächsten Satz.
3. Zunächst werden Wörter in alphabetischer Reihenfolge an der Tafel gesammelt, dann werden sie in dieser Reihenfolge für eine Geschichte verwendet.
4. Das letzte Wort eines vorgegebenen Satzes wird aufgegriffen und dient als Anfangswort für den nächsten zu bildenden Satz. Ein Beispiel: „Andreas hat zum Geburtstag einen Hund geschenkt **bekommen. Bekommen** hätte er aber viel lieber ein neues **Fahrrad. Fahrrad** fahren kann er besonders gut."

Hinweis Die Übung kann auch in Kleingruppen in schriftlicher Form durchgeführt werden, wobei die Geschichte gemeinsam erstellt wird. Die Schüler*innen trainieren dabei, sich in selbstständiger Gruppenarbeit zu organisieren und zu konzentrieren.

Versteckte Botschaft

Material pro Gruppe: 1 Block und 1 Stift

Alter Klasse 5–10

Zielsetzung
- ✓ aktive Wortfindung trainieren
- ✓ Formulierungsfähigkeit verbessern
- ✓ Fantasie anregen

Durchführung Bei diesem Wortspiel wird ein Satz gebildet, bei dem die Anfangsbuchstaben ein Substantiv ergeben, z. B. **H**ans **a**rbeitet **s**ehr **e**ifrig = Hase.
Teilen Sie die Schüler*innen in Kleingruppen zu vier bis fünf Personen ein. Zum besseren Verständnis der Übung empfiehlt es sich, das oben genannte Beispiel an der Tafel anzuschreiben. Jede Gruppe überlegt sich ein Substantiv, aus dessen Buchstaben sie, wie im Beispiel gezeigt, einen Satz bildet. Anschließend lesen die Gruppen nacheinander ihren Satz vor, die anderen Schüler*innen nennen das Lösungswort, also das zugrunde liegende Substantiv.

Varianten

1. Sie geben ein Wort vor und die Schüler*innen kreieren einen passenden Satz in Einzel- oder Gruppenarbeit.
2. Anstelle eines Wortes werden beliebige Buchstabenkombinationen genannt. Ein Beispiel: SLSKR = **S**chüler*innen **l**ernen **s**pielend **k**reative **R**echenregeln.
3. Die Schüler*innen sollen Fachbegriffe in einen Satz verwandeln. Ein Beispiel: Molekül = **M**ichaels **O**nkel **l**eitet **e**inen **K**urs **ü**ber **L**ichtgeschwindigkeiten.

Tipp Der Schwierigkeitsgrad steigt, wenn Sie die Vorgabe machen, dass der Satz inhaltlich mit dem Ausgangswort zu tun haben muss.

Ausschließen

Alter Klasse 5–7 und Klasse 8–10

Zielsetzung
- ✓ Urteilsfähigkeit trainieren
- ✓ assoziatives Denken verbessern
- ✓ Aufmerksamkeitsaktivierung trainieren

Durchführung Lesen Sie den Schüler*innen die fünf Wörter einer Reihe vor. Die Aufgabe der Schüler*innen besteht darin, herauszufinden, welcher der genannten Begriffe nicht in die Reihe passt – es können auch mehrere Begriffe aufgeführt werden. Wichtig ist bei dieser Übung, dass die Schüler*innen ihren Ausschluss begründen, da es bei einigen Aufgaben unterschiedliche Lösungen gibt. Solange die Begründung für eine Antwort stimmig ist, wird diese als richtig angesehen. Je länger die Schüler*innen über weitere mögliche Lösungen nachdenken, desto länger wird die Konzentrationsspanne ausgedehnt.

Ausschließen für Klasse 5–7

1. Hahn – Kuh – Kamel – Ziege – Schwein
   *Lösungen: Das **Kamel** ist kein Haustier, der **Hahn** hat nur zwei Beine …*
2. Oder – Nil – Mosel – Elbe – Donau
   *Lösung: Der **Nil** ist kein europäischer Fluss.*
3. Tennis – Golf – Volleyball – Eishockey – Squash
   *Lösungen: **Eishockey** ist kein Ballsport, **Volleyball** braucht keinen Schläger …*
4. Panther – Löwe – Zebra – Gepard – Leopard
   *Lösung: Das **Zebra** ist kein Raubtier.*
5. Nektarine – Pflaume – Apfel – Kirsche – Birne
   *Lösung: **Apfel** und **Birne** zählen nicht zum Steinobst.*
6. Sylt – Föhr – Borkum – Amrum – Norderney
   *Lösung: **Borkum** und **Norderney** sind ostfriesische Inseln.*
7. Dallas – Washington – West Byfleet – Detroit – Tampa
   *Lösung: **West Byfleet** ist keine amerikanische Stadt.*

Ausschließen für Klasse 8–10

1. Bauchspeicheldrüse – Gallenblase – Herz – Magen – Darm
   *Lösung: Das **Herz** ist kein Verdauungsorgan.*

2. Sixtinische Kapelle – Via Appia – Prado – Pantheon – Spanische Treppe
   *Lösungen: Der **Prado** ist kein Bauwerk, das sich in Rom befindet,*
   *die **Via Appia** und die **Spanische Treppe** sind keine Gebäude …*

3. Korsika – Sardinien – Fehmarn – Gotland – Korfu
   *Lösung: **Fehmarn** ist die einzige deutsche Insel.*

4. Chrom – Eisen – Schwefel – Selen – Zink
   *Lösung: **Schwefel** ist kein Spurenelement.*

5. Theodor Heuss – Gustav Heinemann – Konrad Adenauer – Walter Scheel – Helmut Kohl
   *Lösung: **Konrad Adenauer** und **Helmut Kohl** waren Bundeskanzler,*
   alle anderen Bundespräsidenten.

6. NDR – RBB – RTL – SWR – SAT 1 – MDR
   *Lösung: **RTL** und **SAT 1** sind keine öffentlich-rechtlichen Rundfunkanstalten.*

7. Beringmeer – Japanisches Meer – Hudson Bay – Golf von Kalifornien – Ostchinesisches Meer
   *Lösung: Die **Hudson Bay** ist mit dem Atlantischen Ozean verbunden,*
   alle anderen Meere gehören zum Pazifischen Ozean.

Kopfsportler

Material	pro Schüler*in: 1 Block und 1 Stift
Alter	Klasse 5–10
Zielsetzung	✓ aktiven und passiven Wortschatz stärken ✓ selektive und fokussierende Aufmerksamkeit verbessern

Durchführung

Die Schüler*innen sollen auf ihrem Block das Wort „Kopfsportler" von oben nach unten schreiben. Somit haben sie in jeder Reihe einen Anfangsbuchstaben stehen. Nennen Sie den Schüler*innen drei verschiedene Oberbegriffe, z. B. Adjektiv, Verb und zusammengesetztes Substantiv. Es können auch Oberbegriffe passend zum jeweiligen Unterrichtsthema bestimmt werden. Aufgabe der Schüler*innen ist es, in maximal 5 Minuten bzw. so schnell wie möglich passende Lösungswörter zu finden. Wer als Erstes fertig ist, ruft „Stopp!". Anschließend werden die Ergebnisse verglichen.

Varianten

1. Schreiben Sie das Wort „Kopfsportler" an die Tafel. Die Schüler*innen suchen möglichst viele Wörter, die sie aus den Buchstaben des Wortes bilden können. Dabei dürfen nur die Buchstaben verwendet werden, die in dem Wort vorkommen.
   Beispiele: Tor, Topf, Pforte, Los, Rest ...

2. Die Wortübung wird in zwei Gruppen durchgeführt. Hierzu benötigt jede Gruppe einen Block sowie einen Stift. Jede Gruppe sucht Wörter, die aus dem Wort „Kopfsportler" gebildet werden können. Anschließend werden die gefundenen Wörter vorgelesen. Wörter, die die andere Gruppe ebenfalls hat, müssen gestrichen werden. Die Gruppe, die am Ende die meisten Wörter ohne Doppelnennung gefunden hat, hat gewonnen.

Plus 1

Alter Klasse 5–10

Zielsetzung
- ✓ Daueraufmerksamkeit stärken
- ✓ aktiven und passiven Wortschatz stärken

Durchführung Schreiben Sie ein Wort mit zwei Buchstaben oben in die Mitte der Tafel, wie z. B. IN. Die Aufgabe der Schüler*innen besteht nun darin, einen beliebigen Buchstaben hinzuzufügen, sodass ein neues, sinnvolles Wort entsteht, wie z. B. EIN. Dabei spielt die Anordnung der Buchstaben keine Rolle. Wichtig ist nur, dass sie in dem neuen Wort enthalten sind. Nun ergänzen die Schüler*innen einen vierten Buchstaben. Darauf aufbauend, einen fünften etc. Die Übung ist beendet, wenn keine neuen Wörter mehr gebildet werden können.

Beispiel:

IN
EIN
NEID
DEINE
NIEDER

Tipp Werden keine neuen Wörter mehr gefunden und ist noch Zeit übrig, darf der*die Schüler*in, der*die die letzte richtige Antwort gegeben hat, zwei neue Buchstaben für ein neues Spiel vorgeben.

Varianten

1. Je nach Leistungsfähigkeit Ihrer Schüler*innen kann diese Übung auch in einer Fremdsprache durchgeführt werden.

Beispiel:

IS
SIT
SHIT
HOIST

2. Schreiben Sie ein beliebiges Wort mit den Buchstaben untereinander an die Tafel. Die Aufgabe der Schüler*innen besteht darin, von Zeile zu Zeile ein Wort zu finden, das vorn und hinten noch jeweils einen Buchstaben mehr hat als das Wort darüber. Und so sieht das Vorgehen konkret aus: Die Schüler*innen beginnen in der ersten Reihe und fügen vorn und hinten einen Buchstaben hinzu, in der zweiten Reihe müssen dann vorn und hinten jeweils zwei Buchstaben hinzugefügt werden usw. Ä, Ü, Ö sind erlaubt, ebenso ae, ue, oe. Zum Schluss sieht die Übung wie eine „Pyramide" aus.

Beispiel:

U**R**I
SP**U**RT
EIN**H**ALT
SCHR**E**IBER

Hinweis

Beachten Sie: Je länger das Wort ist, das Sie für Ihre Schüler*innen aussuchen, desto höher ist der Schwierigkeitsgrad der Übung.

Beispiel:

U**H**U
GL**A**NZ
SCH**N**ÜRE
STAN**D**BEIN
MATHE**B**ÜCHER
AKTIEN**A**NKÄUFE
KLASSEN**L**EHRERIN
SCHREIBB**L**OCKLINIE

Geschichte, Sport, Musik

Material bei der Variante – pro Schüler*in: 1 Block und 1 Stift

Alter Klasse 5–10

Zielsetzung
- ✓ selektive und fokussierende Aufmerksamkeit verbessern
- ✓ aktiven und passiven Wortschatz stärken
- ✓ flexibles Denken verbessern

Durchführung In Anlehnung an das bekannte Spiel „Stadt, Land, Fluss" schreiben Sie die Wörter „Geschichte", „Sport" und „Musik" an die Tafel – Sie können auch eigene Kategorien erfinden. Geben Sie einen Begriff aus einem Themenbereich vor, wie z. B. „Napoleon" bei der Kategorie „Geschichte". Die Aufgabe der Schüler*innen ist, reihum immer den letzten Buchstaben des vorher genannten Wortes aufzugreifen und einen damit beginnenden Begriff zum vorgegebenen Themenbereich zu nennen.

Beispiel:

Geschichte	Sport	Musik	Geschichte	Sport	Musik
Napoleon	Niederlage	E-Gitarre	Eroberer	Reitsport	Trommel ...

Varianten

1. Jede*r Schüler*in hat 1 Minute Zeit, die Übung schriftlich in Stillarbeit zu lösen. Lassen Sie sich von einigen Schüler*innen die Ergebnisse vorlesen. Zusätzlich können Sie auch fragen, wer wie viele Wörter gefunden hat.
2. Einfacher wird es, wenn die Wörter in allen Bereichen mit demselben Anfangsbuchstaben zu beginnen haben. Schwieriger wird es, wenn Sie die Übung in einer Fremdsprache durchführen lassen. Bei höherer Leistungsfähigkeit der Schüler*innen kann auch „Stadt, Land, Fluss" gespielt werden. Oder Sie wählen Themenbereiche aus, die die Schüler*innen besonders interessieren oder die zum Unterrichtsstoff passen.

Kapitel 1

Kreativ mit Adjektiven

Material bei Variante 2 und 3 – pro Schüler*in: 1 Arbeitsblatt (s. S. 20, kopieren Sie das Arbeitsblatt ggf. hoch) und 1 Stift

Alter Klasse 5–10

Zielsetzung
- ✓ aktiven und passiven Wortschatz stärken
- ✓ assoziatives Denken verbessern
- ✓ Aufmerksamkeitsaktivierung trainieren

Durchführung Zeichnen Sie die auf der nächsten Seite abgebildeten Tabellen an die Tafel. Geben Sie Ihren Schüler*innen reihum Kombinationen vor, die aus einem Adjektiv der horizontalen und der vertikalen Spalte bestehen, wie z. B. „essbar" und „weich". Die Schüler sollen dann ein Substantiv finden, das diese beiden Eigenschaften hat, wie z. B. „Marshmallow". Notieren Sie das Ergebnis in der Tabelle.

Varianten

1. Geben Sie einem*einer Schüler*in eine Kombination vor. Diese*r nennt die Antwort und gibt dann einem*einer anderen Schüler*in eine neue Kombination vor. Da es sich diesmal nicht um eine Reihum-Übung handelt, müssen die Schüler*innen sich zusätzlich merken, wer bereits eine Antwort gegeben hat. Denn niemand soll doppelt aufgerufen werden.
2. Jede*r Schüler*in bekommt ein Arbeitsblatt und hat nur 2 Minuten Zeit, so viele Antworten wie möglich zu finden. Danach werden die Ergebnisse im Plenum verglichen.
3. Teilen Sie Ihre Schüler*innen in Kleingruppen zu vier bis sechs Personen auf. Jede Gruppe bekommt ein Arbeitsblatt und einen Stift und bestimmt, wer für die Gruppe die Antworten aufschreibt. Geben Sie Ihren Schüler*innen 3 Minuten Zeit, in der Gruppe so viele Antworten wie möglich zu notieren. Anschließend werden die Ergebnisse im Plenum verglichen. Nennen zwei oder mehr Gruppen die gleiche Antwort, gibt es keinen Punkt. Die Gruppe, die am Ende die meisten Punkte für sich verzeichnen kann, hat gewonnen.

Kreativ mit Adjektiven

Übung 1

	weich	hart	essbar	klein	dünn	dick
weiß						
grün						
durch-sichtig						
oval						
klebrig						
sauer						

Übung 2

	flauschig	groß	fettig	gefährlich	glatt	haarig
gelb						
rot						
glänzend						
künstlich						
hoch						
löslich						

2

KAPITEL

KONZENTRATION durch Zahlenübungen

Warum Zahlenübungen?

Schüler*innen erlernen in der Schule ein grundlegendes Wissen zum Thema Kopfrechnen. Dieses umfasst normalerweise das Ausführen einfacher Additions- und Subtraktionsaufgaben, das Dividieren sowie das Einmaleins. Fehlt dieses Wissen bzw. Verständnis, können gängige Rechenaufgaben im Kopf nicht gelöst werden. Die Fähigkeit, im Kopf zu rechnen, erfordert – natürlich auch abhängig von der jeweiligen Aufgabenstellung – ein hohes Maß an Konzentration. Die Schüler*innen müssen sich notwendige Rechenschritte überlegen und sich Zwischenergebnisse merken. Tatsächlich ist es gar nicht so einfach, das zu bewerkstelligen, während andere Teilrechnungen durchgeführt werden. Fehlt die notwendige Konzentration, müssen die Schüler*innen von Neuem beginnen. Das kostet nicht nur Zeit, es ist auch demotivierend.
Nur selten machen sich Schüler*innen heute daran, Rechenaufgaben im Kopf zu lösen. Das hat vor allem damit zu tun, dass jedes Handy über eine Rechenfunktion verfügt. Das verleitet dazu, schnell mal eine Aufgabe einzugeben, und bedeutet unterm Strich, dass die zuständigen Areale im Gehirn nicht mehr genügend gefordert werden und quasi verkümmern.
Umgekehrt ist Kopfrechnen ein sehr effektives Training fürs Gehirn, es fördert nicht nur die Konzentration, es verbessert auch die Merkspanne, das bildhafte Vorstellungsvermögen und das Arbeitsgedächtnis. Aufgabe des Arbeitsgedächtnisses ist es u. a., neue Informationen aktiv zu verarbeiten und gespeicherte Inhalte bereitzustellen.

Die verwendeten Zahlenübungen sind:

Zahlen-Rallye durch das Klassenzimmer

Alter Klasse 5–10

Zielsetzung
- ✓ konzentratives Rechnen trainieren
- ✓ konzentrative und visuelle Wahrnehmung trainieren
- ✓ Merkfähigkeit verbessern

Durchführung Erklären Sie den Schüler*innen, dass bestimmten Gegenständen im Klassenzimmer bestimmte Wertigkeiten zugeordnet sind, z. B. Stuhl = 4, Tisch = 10 ... Wie viele Gegenstände mit solchen Wertigkeiten belegt werden, richtet sich nach der Leistungsfähigkeit der Klasse, eventuell ist es sinnvoll, die Wertigkeiten an die Tafel zu schreiben. Die Aufgabe der Schüler*innen besteht darin, die Gesamtsumme der im Raum verteilten Wertigkeiten zu errechnen.

Beispiel: Es gibt 20 Stühle und 10 Tische, das macht eine Summe von 180.

Varianten

1. Die Übung wird mit weiteren Rechenoperationen durchgeführt. **Beispiel:** Summe der Stühle x Summe der Tische – ...
2. Geben Sie der Klasse eine Summe vor und die Schüler*innen überlegen sich eine passende Rechenoperation.
   Beispiel: Die Summe ist 192, diese kann sich etwa aus 18 Tischen und 3 Stühlen ergeben ...
3. Kopfnuss für Klasse 8–10: Geben Sie der Klasse ein Ergebnis vor und die Schüler*innen überlegen sich eine Rechenoperation mit allen vier Grundrechenarten.

> ***Wichtig:*** Die Regel „Punkt vor Strich" ist hier ausgesetzt.

Beispiel: Die vorgegebene Summe ist 30. Daraus ergibt sich als mögliche Rechenoperation: 4 Tische (= 40) + 10 Stühle (= 40) – 2 Tische (= 20) : 5 Stühle (= 20) x 1 Tisch (= 10) = 30.

Ratz-Fatz

Alter Klasse 5–10

Zielsetzung
- ✓ konzentratives Rechnen trainieren
- ✓ flexibles Denken verbessern
- ✓ Merkfähigkeit steigern

Durchführung Bestimmen Sie eine Zahl aus dem Einmaleins, z. B. die Zahl 3. Die Schüler*innen zählen reihum von 1 bis 100. Immer wenn die zu nennende Zahl durch 3 teilbar ist, sagt der*die Schüler*in nicht die Zahl, sondern das Wort „Ratz-Fatz".

Beispiel: 1 - 2 - „Ratz-Fatz" - 4 - 5 - „Ratz-Fatz" - 7 ...

Varianten

1. Die Schüler*innen nennen das Wort „Ratz-Fatz" nicht nur, wenn die Zahl durch die vorgegebene Zahl teilbar ist (also z. B. durch 3), sondern auch dann, wenn sie in einer Zahl vorkommt (wie z. B. 13, 23, 43 ...).
2. Bestimmen Sie zwei Zahlen aus dem Einmaleins, z. B. die Zahlen 3 und 5. Ist die an die Reihe kommende Zahl durch 3 teilbar, ersetzt sie der*die Schüler*in mit dem Wort „Ratz". Ist die Zahl durch 5 teilbar, nennt der*die Schüler*in das Wort „Fatz". Ist die Zahl durch 3 und 5 teilbar (wie z. B. 15, 30, 45 ...) kommt statt der Zahl das Wort „Ratz-Fatz".
3. Während die Schüler*innen reihum durchzählen, wird gleichzeitig ein Ball o. Ä. weitergereicht. Wer den Ball in der Hand hält, wenn nicht die Zahl, sondern das Wort „Ratz-Fatz" gesprochen werden muss, wirft den Ball einem*einer beliebigen Mitschüler*in zu und diese*r setzt die Übung mit Zählen fort.
4. Die Schüler*innen stellen sich in einem Kreis auf. Die Varianten 1 und 2 werden jetzt mit einem Ball gespielt, den sich die Schüler*innen gegenseitig zuwerfen. Wer im Besitz des Balles ist, nennt die nächste Zahl oder das entsprechende Wort.

Quersummen gesucht

Alter Klasse 5–10

Zielsetzung
- ✓ bildhaftes Vorstellen trainieren
- ✓ Arbeitsgedächtnis aktivieren
- ✓ Merkspanne erhöhen

Durchführung Geben Sie eine dreistellige Zahl vor und stellen Sie Ihren Schüler*innen die Aufgabe, die Quersumme zu errechnen.

Beispiele: 365 → 14; 567 → 18; 321 → 6; 954 → 18; 695 → 20; 398 → 20; 456 → 15; 874 → 19; 798 → 24; 523 → 10; 693 → 18

Varianten

1. Die Übung wird als Reihum-Übung gestaltet. Die Lehrkraft gibt eine dreistellige Zahl vor und der*die erste Schüler*in nennt die Quersumme. Anschließend gibt der*die Lernende der Person neben sich eine dreistellige Zahl vor und diese nennt die Quersumme usw.
2. Anstelle einer dreistelligen Zahl werden vier-, fünf- oder sechsstellige Zahlen vorgegeben.
   Beispiele: 3761 → 17; 5987 → 29; 3864 → 21; 7692 → 24; 4394 → 20
   56819 → 29; 42917 → 23; 65923 → 25; 18495 → 27; 58399 → 34
   271984 → 31; 367453 → 28; 987453 → 36; 763984 → 37; 527398 → 34
3. Die Schüler*innen errechnen die Quersummen bis zu einer einstelligen Zahl.
   Beispiele: 9876 → 30 → 3; 45679 → 31 → 4; 367298 → 35 → 8; 8753294 → 38 → 11 → 2

Vertauschte Rechenzeichen

Alter Klasse 5–10

Zielsetzung
- ✓ flexibles Denken verbessern
- ✓ Arbeitsgedächtnis aktivieren
- ✓ bildhaftes Vorstellen trainieren
- ✓ Merkspanne erhöhen

Durchführung Erklären Sie den Schüler*innen, dass bei den folgenden Aufgaben die Rechenoperationszeichen durcheinandergeraten sind. Was ein „Plus" war, ist jetzt ein „Minus" und aus „Minus" wurde „Plus". Lesen Sie eine Beispielaufgabe vor. Zum besseren Verständnis können Sie die Aufgabe an eine Tafel schreiben. Die Schüler*innen sollen das Ergebnis der ursprünglichen Aufgabe ausrechnen, sie müssen dafür die Rechenoperationszeichen im Kopf zurücktauschen. Sie rechnen dies leise für sich. Nach jeder Aufgabe wird das Ergebnis verglichen.

Beispiele: 3 – 5 + 2 – 9 + 6 = 9; 8 – 7 + 6 – 7 – 5 = 21;
15 + 6 – 18 – 11 + 9 = 29; 67 – 74 + 13 + 21 – 55 = 162;
3 – 8 + 5 – 9 + 3 – 6 + 5 – 7 + 13 = 7;
26 – 38 + 18 + 12 – 98 + 37 – 77 + 45 = 127

Varianten

1. Bei dieser Variante sind die Multiplikations- und Divisionszeichen vertauscht.
   Beispiele: 6 : 5 x 3 x 2 : 7 = 35; 6 : 10 x 5 : 2 x 8 : 4 = 12;
   32 : 2 x 8 : 4 : 3 x 6 = 16; 4 x 2 : 5 : 3 x 6 : 9 : 2 x 3 = 30
2. Bei dieser Variante kommen bei den Rechenaufgaben alle vorher genannten Rechenoperationszeichen in ihren vertauschten Rollen vor.
   Beispiele: 6 + 3 : 4 – 18 x 5 = 6; 9 : 2 – 16 + 9 x 5 – 13 = 18;
   36 x 9 – 24 + 6 x 2 – 9 + 6 x 7 = 2;
   3 : 7 – 15 x 9 : 4 – 17 + 14 = 19

Wichtig: Die Regel „Punkt vor Strich" ist hier ausgesetzt.

Fehlende Rechenzeichen

Material pro Schüler*in: 1 Block und 1 Stift

Alter Klasse 5–10

Zielsetzung
- ✓ flexibles Denken verbessern
- ✓ Arbeitsgedächtnis aktivieren
- ✓ Merkspanne erhöhen

Durchführung Erklären Sie den Schüler*innen, dass bei diesem Rechentraining die Rechenoperationszeichen verschwunden sind. Die Schüler*innen sollen nun die richtigen Zeichen ergänzen, um auf das vorgegebene Ergebnis zu kommen. Wählen Sie zur Leistungsfähigkeit passende Aufgaben aus und schreiben Sie diese an die Tafel.

> ***Wichtig:*** Die Regel „Punkt vor Strich" ist hier ausgesetzt.

Beispiele:

17 __ 5 __ 4 __ 3 = 11	(17 – 5 – 4 + 3 = 11)
7 __ 11 __ 3 __ 2 = 30	(7 + 11 – 3 x 2 = 30)
2 __ 4 __ 7 __ 5 = 3	(2 x 4 + 7 : 5 = 3)
4 __ 9 __ 2 __ 5 = 21	(4 + 9 x 2 – 5 = 21)
18 __ 3 __ 7 __ 3 = 45	(18 : 3 x 7 + 3 = 45)
6 __ 7 __ 12 __ 3 __ 14 __ 7 = 7	(6 + 7 + 12 + 3 – 14 – 7 = 7)
5 __ 2 __ 3 __ 10 __ 19 __ 21 = 43	(5 x 2 x 3 : 10 + 19 + 21 = 43)
27 __ 36 __ 7 __ 4 __ 10 __ 2 = 23	(27 + 36 : 7 x 4 + 10 : 2 = 23)
3 __ 12 __ 15 __ 9 __ 8 __ 6 = 46	(3 x 12 + 15 + 9 – 8 – 6 = 46)
8 __ 7 __ 9 __ 2 __ 5 __ 17 = 36	(8 + 7 + 9 x 2 + 5 – 17 = 36)

Variante Die Übung wird als Gruppenspiel mit jeweils vier bis sechs Personen durchgeführt. Welche Gruppe hat als erste alle Lösungen?

Verflixtes Würfelrechnen

Material 1–2 Würfel

Alter Klasse 5–10

Zielsetzung
- ✓ flexibles Denken verbessern
- ✓ Arbeitsgedächtnis aktivieren
- ✓ Merkspanne erhöhen

Durchführung Geben Sie eine Ausgangszahl vor, z. B. 21. Es wird reihum gewürfelt. Ist die gewürfelte Zahl eine gerade Zahl, wird sie von der Ausgangszahl abgezogen, ist sie eine ungerade, wird sie addiert. Das Ergebnis wird die neue Ausgangszahl.

Beispiel: Die Ausgangszahl ist 21. Es wird eine 6 gewürfelt, diese wird abgezogen, was 15 ergibt. Der*die Nächste würfelt eine 5, diese wird zur neuen Ausgangszahl 15 addiert. Das Ergebnis ist 20.

Varianten

1. Es wird wieder reihum gewürfelt. Dieses Mal werden die Zahlen der Würfelunterseite addiert oder subtrahiert. **Beispiel:** Hat ein*e Schüler*in eine 3 gewürfelt, zeigt die Würfelunterseite eine 4. Diese 4 wird zur Ausgangszahl addiert.

Tipp Gegenüberliegende Würfelseiten ergeben in der Summe immer 7.

2. Es wird mit zwei verschiedenartigen Würfeln gleichzeitig gewürfelt, wie z. B. einem roten und einem blauen oder einem großen und einem kleinen.
   Jedem dieser zwei Würfel wird eine Rechenfunktion zugeschrieben, z. B. sollen Zahlen, die mit dem roten Würfel gewürfelt werden, abgezogen werden. Zahlen, die mit dem blauen Würfel gewürfelt werden, werden hingegen addiert.

Assoziatives Rechnen

Material pro Schüler*in: 1 Block und 1 Stift

Alter Klasse 5–10

Zielsetzung
- ✓ flexibles Denken verbessern
- ✓ assoziatives Denken verbessern

Durchführung Erklären Sie Ihren Schüler*innen, dass es bei dieser Übung darum geht, Rechenaufgaben zu lösen, bei denen die Zahlen durch Begriffe ersetzt wurden. Die Begriffe sind dabei mit der Zahl gedanklich verknüpft (assoziiert), wie z. B. Apostel = 12, denn es gibt die zwölf Apostel. Ein weiteres Beispiel sind die Tage im regulären Jahr = 365.
Lesen Sie die nachfolgenden Beispiele langsam vor.
Die Schüler*innen sollen die einzelnen Ergebnisse notieren.
Die Auflösung erfolgt am Ende im Plenum.

Beispiele:

1. Schneewittchen + die Bremer Stadtmusikanten + ein Skatblatt =
   (7 [Zwerge] + 4 [Tiere] + 32 [Karten] = 43)
2. Grundschuljahre x olympische Ringe + Gebote – Kegel =
   (4 x 5 + 10 – 9 = 21)
3. Planeten + Adventskalender – Geißlein + Bundesländer =
   (8 + 24 [Türen] – 7 + 16 = 41)
4. begleitetes Fahren x Bronzemedaille – Mofa-Führerschein + Schuhe =
   (17 [Jahre] x 3 [Platz] – 15 [Jahre] + 2 = 38)
5. Sternzeichen – Weltwunder + Kontinente + Apostel =
   (12 – 7 + 7 + 12 = 24)
6. Volljährigkeit x Fußballmannschaft – Volleyballmannschaft – Mehrwertsteuer =
   (18 x 11 – 6 – 19 = 173)
7. Jahreszeiten x Schneewittchen + James Bond – Wochentage =
   (4 x 7 + 7 [007] – 7 = 28)

Fingeraddition

Alter Klasse 5–10

Zielsetzung
- ✓ Arbeitsgedächtnis aktivieren
- ✓ visuelle Wahrnehmung verbessern

Durchführung Teilen Sie die Schüler*innen in Gruppen zu vier bis sechs Personen ein. Ihren Gruppen entsprechend, stellen sich diese jeweils in einem kleinen Kreis zusammen auf. Jede*r Schüler*in nimmt seine*ihre rechte Hand auf den Rücken und zeigt mit der Anzahl der Finger eine Zahl zwischen 1 und 5 an. Auf Ihr Kommando führen alle Schüler*innen ihre Hand nach vorn. Die Aufgabe der Schüler*innen besteht darin, die Gesamtsumme der mit den Fingern angezeigten Zahlen zu ermitteln. Die Ergebnisse werden in die Gruppe gegeben. Die Kontrolle erfolgt dort gemeinsam. Nach einigen Durchläufen können Sie den Schwierigkeitsgrad erhöhen, indem die Schüler*innen beide Hände verwenden.

Varianten

1. Die Schüler*innen ermitteln zusätzlich zur Summe der mit den Fingern angezeigten Zahlen auch die Quersumme.
2. Die Schüler*innen addieren nur die ungeraden Zahlen, wenn sie mit beiden Händen Zahlen anzeigen. Zeigt die rechte Hand z. B. drei und die linke Hand zeigt vier, dann wird nur die Zahl der rechten Hand in die Addition aufgenommen.
3. Die Schüler*innen addieren nur die geraden Zahlen, wenn sie mit beiden Händen Zahlen anzeigen.
4. Die Summe der geraden Zahlen aller rechten Hände wird von der Summe aller geraden Zahlen der linken Hand abgezogen.
5. Die Summe der ungeraden Zahlen aller rechten Hände wird mit der Summe aller ungeraden Zahlen der linken Hand multipliziert.

3

KAPITEL

KONZENTRATION durch Bewegungsübungen

Warum Bewegungsübungen?

Bewegung ist nicht nur gut für den Bewegungsapparat und die Herz- und Kreislauf-funktionen, sondern sie beeinflusst auch die Gedächtnisleistung positiv.
Im Schulalltag führt es zur Ermüdung, wenn die Schüler*innen über einen längeren Zeitraum intensiv mit etwas beschäftigt sind – die Denkfähigkeit und Konzentration nehmen automatisch ab. Der Einsatz leichter Bewegungsübungen aktiviert die Zufuhr von Sauerstoff zum Gehirn und trägt dazu bei, dass die Schüler*innen wieder besser arbeiten können. Schon einfache Fingerübungen kurbeln Denkprozesse an und stärken die Konzentration.
Kombiniert man Bewegungs- und Gedächtnisübungen, fördert dies nicht nur den Informationsfluss im Gehirn, es unterstützt auch die Verknüpfung von Nervenzellen. Das wirkt sich positiv auf die Leistungsfähigkeit wie auch auf die Konzentrations-spanne aus.
Finden geistige und körperliche Bewegung gleichzeitig statt, bilden sich neue Synapsen (Schaltstellen), zudem werden alte Synapsen wieder aktiviert. Je mehr Synapsen zur Verfügung stehen, desto besser ist unsere Gedächtnisleistung.
Durch bestimmte Bewegungsübungen werden zudem die beiden Gehirnhälften besser miteinander vernetzt. Gegenbewegungen und Überkreuzbewegungen führen zu einer besseren Zusammenarbeit beider Gehirnhälften, sie stärken den sogenannten „Balken" zwischen linker und rechter Gehirnhälfte. Je „dicker" der Balken ist, desto besser ist die Gedächtnisleistung.

Die verwendeten Bewegungsübungen sind:

Symbole performen

Material bei Variante 3 – pro Schüler*in: 1 Arbeitsblatt (s. S. 35)

Alter Klasse 5–10

Zielsetzung
- ✓ konzentrative Bewegung
- ✓ Koordinationsvermögen steigern
- ✓ Merkfähigkeit erhöhen
- ✓ Wahrnehmung verbessern

Durchführung Zeichnen Sie ein beliebiges Muster aus den unten aufgeführten Symbolen im Quadrat an die Tafel. Dabei steht jedes Symbol für eine bestimmte Bewegung – hier ein Beispiel:

= in die Hände klatschen

= mit dem rechten Fuß stampfen

= mit dem linken Fuß stampfen

= Hände vor der Brust überkreuzen

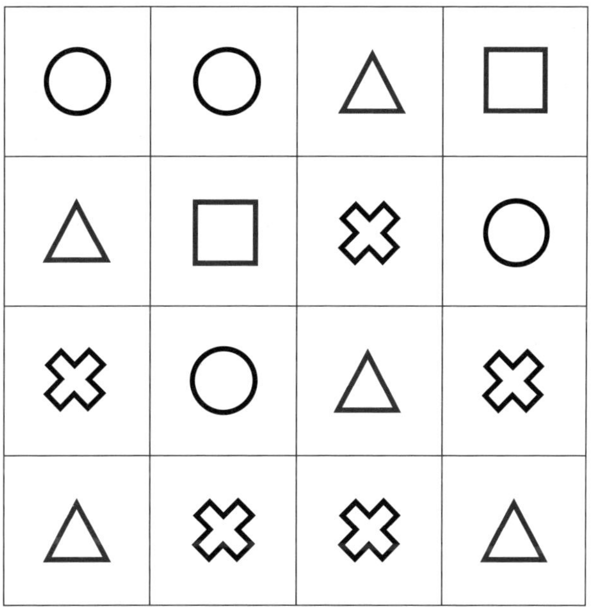

Geben Sie einen einfachen Rhythmus vor und fordern Sie die Schüler*innen auf, diesen Rhythmus anhand der angeschriebenen Symbole durchzuführen.
Für das Musterbild kämen anfangs also folgende Bewegungen: Klatschen, klatschen, mit dem linken Fuß stampfen, mit dem rechten Fuß stampfen ...

Varianten

1. Sie teilen die Klasse in vier Gruppen ein. Die erste Gruppe beginnt, von links nach rechts anhand der vorgegebenen Symbole den Rhythmus zu spielen, wenn sie bei der zweiten Zeile angekommen sind, setzt die zweite Gruppe ein, am Anfang der dritten Zeile die dritte Gruppe ...
2. Sie teilen die Klasse in vier Gruppen ein. Die erste Gruppe soll anhand der vorgegebenen Symbole von links nach rechts den Rhythmus spielen, die zweite Gruppe von rechts nach links, die dritte Gruppe beginnt links oben und spielt die Symbole reihenweise von oben nach unten, die vierte Gruppe beginnt rechts unten und spielt die Symbole reihenweise von unten nach oben.

Wichtig: Nach einigen Probeläufen der einzelnen Gruppen für sich spielen alle zusammen.

3. Mit dem Arbeitsblatt der nächsten Seite können Sie in der erläuterten Weise verfahren (also die Tafel nutzen) oder wie folgt arbeiten:
   - → Geben Sie den Lernenden vor, in welcher Ausrichtung sie das Blatt auf den Tisch vor sich legen sollen, das kann von Person zu Person unterschiedlich sein. Dann lassen Sie den Rhythmus von den Schüler*innen spielen.
   - → Die Schüler*innen sollen nur jedes zweite Symbol umsetzen.
   - → Teilen Sie die Klassen in zwei Gruppen ein. Die erste Gruppe spielt bei einem Kreis und Kreuz, die zweite Gruppe bei einem Quadrat und Dreieck.

Hinweis

Die unten auf dem Blatt stehende Anweisung kann jederzeit nach hinten gefaltet werden. Dann erhöht sich die Herausforderung, denn die Schüler*innen müssen sich die Bewegungen merken. Als Aufbauübung können Sie die Übung „Bewegungsball" (s. S. 41) nutzen.

Symbole performen

○	○	△	□	○	✖	□	○
△	□	✖	○	✖	△	✖	□
✖	○	△	✖	□	□	○	✖
△	✖	✖	△	✖	○	□	✖
✖	△	□	○	△	✖	✖	△
○	△	□	✖	○	□	○	△
□	△	○	○	□	✖	□	✖
△	✖	□	□	△	✖	○	✖

Anweisung:

○ = in die Hände klatschen

□ = mit dem rechten Fuß stampfen

△ = mit dem linken Fuß stampfen

✖ = Hände vor der Brust überkreuzen

Fingerspiele mit Buchstabieren

Alter Klasse 5–10

Zielsetzung
- ✓ konzentrative Fingerbewegung
- ✓ Koordination verbessern

Durchführung Fordern Sie die Schüler*innen auf, die Finger nacheinander anzutippen, beginnend mit Zeigefinger auf Daumen tippen, dann Mittelfinger auf Daumen tippen, Ringfinger auf Daumen tippen sowie Kleinfinger auf Daumen tippen. Anschließend werden die Bewegungen wieder in die andere Richtung durchgeführt, es geht also wieder zu Ringfinger auf Daumen, Mittelfinger auf Daumen usw.

Nachdem die Schüler*innen dies ein paarmal vor und zurück geübt haben, sollen sie vorgegebene Wörter während des Fingertippens buchstabieren, d. h., für jedes Fingertippen steht ein Buchstabe. Der erste und letzte Buchstabe des vorgegebenen Wortes beginnt und endet damit, dass der Zeigefinger auf den Daumen tippt, wenn Sie z. B. Wörter mit 13 Buchstaben verwenden.

Beispiele: Abenteuerlust – Computerspiel – Dezimalsystem – Englischkurse – Hindernislauf – Konzentration – Olympiasieger – Rechenroboter – Scherzartikel – Weltraumfahrt …

Varianten

1. Die Schüler*innen überlegen sich Wörter mit 13 Buchstaben. Diese buchstabieren sie während des Fingertippens rückwärts.
2. Sie können die Übung schwieriger gestalten, indem Sie die Schüler*innen die Finger beider Hände gegengleich tippen lassen, d. h., die rechte Hand beginnt mit Daumen und Zeigefinger, während die linke Hand mit Daumen und Kleinfinger anfängt.

Bewegungsmemo spielen

Alter Klasse 5–10

Zielsetzung
- ✓ visuelle Wahrnehmung trainieren
- ✓ Merkfähigkeit verbessern

Durchführung Fordern Sie eine*n Freiwillige*n auf, vor der Tür zu warten, bis die Person wieder hereingerufen wird – Sie können auch zwei Schüler*innen auswählen. Die übrigen Schüler*innen finden sich in Paaren zusammen. Sie überlegen sich mit ihrem Partner eine Überkreuzbewegung und führen diese ein paar Mal durch.

Beispiele:
Paar 1: Beide schwingen den rechten Fuß über den linken Fuß.
Paar 2: Beide führen den linken Ellenbogen an das rechte Knie.
Paar 3: Beide verschränken die Arme vor der Brust ...

Nun verteilen sich die Schüler*innen im Raum. Die*der vor der Tür Wartende darf wieder hereinkommen. Diese*r geht nun von einer Person zur anderen, tippt sie kurz an und diese macht ihre Bewegung vor. Sobald ein Paar von Schüler*innen mit der gleichen Bewegung erkannt wurde, scheidet dieses aus.

Variante Alle Bewegungspaare bewegen sich gleichzeitig im Raum und die Person, die draußen gewartet hat, tippt nacheinander zwei Schüler*innen an. Wenn das Paar zusammengehört, stoppen sie ihre Bewegung. Das Spiel wird fortgesetzt, bis sich keine Person mehr bewegt.

Buchstabentornado

Alter Klasse 5–10

Zielsetzung
- ✓ auditive Wahrnehmung schulen
- ✓ Arbeitsgedächtnis aktivieren
- ✓ Merkfähigkeit verbessern
- ✓ Stress abbauen

Durchführung Fordern Sie Ihre Schüler*innen auf, sich in einer Reihe aufzustellen. Jedem*jeder Schüler*in wird ein Buchstabe des Alphabets zugeordnet, mittels Durchzählens wird dieser festgelegt. Haben Sie mehr als 26 Schüler*innen in Ihrer Klasse, verwenden Sie zusätzlich die Umlaute sowie Buchstabenkombinationen, wie z. B. sp, st, sch, ch, ck, ing, ung ...
Aufgabe der Schüler*innen ist es, sich im Raum zu bewegen und ihren Buchstaben an eine andere Person zu „verschenken". Dafür bekommen sie den Buchstaben ihrer Mitschülerin oder ihres Mitschülers.

Beispiel:
Schüler*in 1 mit Buchstaben G trifft Schüler*in 2 mit Buchstaben R.
Schüler*in 1 sagt: „Ich schenke dir meinen Buchstaben G."
Schüler*in 2 sagt: „Ich schenke dir meinen Buchstaben R."

Somit tauschen die Schüler*innen ihre Buchstaben jedes Mal, wenn sie auf jemand anderen treffen. Nach etwa 3 Minuten sollen sich die Schüler*innen wieder nach dem Alphabet aufstellen. Welche Buchstaben sind noch da, welche sind verloren gegangen und welche doppelt? Das Interessante an diesem Spiel ist: Es kommt fast nie vor, dass sich kein Fehler einschleicht.
Wenn es die Zeit erlaubt, kann ein zweiter Durchgang gespielt werden.

Finde die Balance

Material Gegenstände aus Schulmäppchen, wie z. B. Radiergummi, Bleistift, Lineal, Spitzer ...

Alter Klasse 5–7

Zielsetzung
- ✓ Koordination verbessern
- ✓ Gleichgewichtssinn schulen
- ✓ Konzentration trainieren

Durchführung Die Aufgabe der Schüler*innen besteht darin, möglichst lange einen Gegenstand auf einer Fingerspitze zu balancieren. Für den Anfang eignet sich ein Radiergummi besonders gut. Die Übung wird mit beiden Händen ausprobiert.

Varianten

1. Die Schüler*innen balancieren die Gegenstände auf dem Handrücken oder auch auf dem Fuß.
2. Die Schüler*innen balancieren mehrere Gegenstände gleichzeitig auf verschiedenen Körperteilen.
3. Die Schüler*innen balancieren einen Gegenstand auf einer Fingerspitze oder einem Handrücken und stehen dabei auf einem Bein.
4. Die Schüler*innen bewegen sich im „Gänsefüßchen-Schritt" durch den Raum, während sie einen Gegenstand auf dem Kopf balancieren.
5. Die Schüler*innen bewegen sich, auf den Zehenspitzen gehend, durch den Raum und balancieren einen Gegenstand auf dem Handrücken oder Kopf. Alternativ kann auch auf den Fersen gegangen werden.
6. Die Schüler*innen legen sich einen Gegenstand auf die Fingerspitze oder den Handrücken und zeichnen dabei verschiedene Formen, wie z. B. eine liegende Acht, in die Luft.

Kofferpacken mit Bewegung

Alter Klasse 5–10

Zielsetzung
- ✓ Konzentration trainieren
- ✓ Merkfähigkeit verbessern
- ✓ Arbeitsgedächtnis aktivieren
- ✓ Fantasie und Kreativität anregen

Durchführung Die Schüler*innen stellen sich nach Möglichkeit in einem Kreis auf. Die Aufgabe besteht darin, einen imaginären Koffer zu packen, z. B. für einen Abenteuerurlaub. Reihum legt jede*r Schüler*in einen Gegenstand hinein, den er*sie mit einem Geräusch und einer Bewegung verbindet. Wichtig ist, dass alle bereits genannten Gegenstände mit ihren dazugehörigen Bewegungen und Geräuschen jedes Mal, wenn ein*e neue*r Schüler*in an die Reihe kommt, von der ganzen Gruppe wiederholt werden.

Beispiel:
Schüler*in 1 sagt „Föhn" und macht eine passende Bewegung sowie ein Geräusch dazu.
Schüler*in 2 sagt mit der Gruppe gemeinsam „Föhn" inklusive vorgegebener Bewegung sowie Geräusch und fügt dann einen neuen Gegenstand mit Bewegung und Geräusch hinzu.

Varianten
1. Es wird ein Mannschaftsbus mit unterschiedlichen Sportgegenständen beladen, wie z. B. Tennisschläger, Ball, Bogen ...
2. Es wird ein Mannschaftsbus mit Gegenständen für nur eine bestimmte Sportart beladen, wie z. B. Fußball (Ball, Fußballschuhe, Schienbeinschoner, Stutzen, Torwarthandschuhe, Kapitänsbinde, Trikot ...)
3. Es steigen unterschiedliche Sportler in den Bus, wie z. B. Gewichtheber, Hochspringer, Kugelstoßer ...

Bewegungsball

Material ✓ pro Schüler*in: 1 Arbeitsblatt (s. S. 42)
✓ bei Variante – pro Schüler*in: 1 Arbeitsblatt (s. S. 43)

Alter Klasse 5–10

Zielsetzung ✓ Konzentration trainieren
✓ Merkfähigkeit verbessern
✓ Arbeitsgedächtnis aktivieren

Durchführung Jede*r Schüler*in erhält ein Arbeitsblatt, auf dem jedem abgebildeten Ball eine Bewegung zugeordnet ist. Führen Sie zuerst mit den Schüler*innen die Bewegungen durch, damit sich diese die Zuordnung der einzelnen Bewegungen einprägen. Dann führt die Klasse gemeinsam nach Vorgabe der Ballabfolge die Bewegungen im 4/4-Takt aus, d. h., Sie als Lehrer*in zählen den Rhythmus „1, 2, 3, 4" vor und die Schüler*innen führen bei jedem Takt eine entsprechende Bewegung aus.

Variante Um den Schwierigkeitsgrad dieser Übung zu erhöhen, kann das zweite Arbeitsblatt benutzt werden. Auf diesem sind nur in der ersten Zeile die Bewegungen erklärt, d. h., bei der Durchführung der Übungen müssen die Bälle mit den dazugehörigen Bewegungen aus dem Gedächtnis erinnert und ausgeführt werden. Noch anspruchsvoller wird die Übung, wenn auch die erste Zeile mit den Erklärungen nach hinten weggeknickt wird. So wird die Merkfähigkeit verstärkt trainiert.

Hinweis Diese Übung kann auch als Aufbauübung zu der Übung „Symbole performen" (s. S. 33) genutzt werden. Damit erzielen Sie einen guten Trainingseffekt.

Bewegungsball – Übung 1

auf die Oberschenkel klatschen	in die Hände klatschen	mit dem rechten Fuß aufstampfen	mit dem linken Fuß aufstampfen	mit den Fingern schnippen

rechter Fuß	linker Fuß	rechter Fuß	linker Fuß	Hände	Hände	Oberschenkel	Oberschenkel
Hände	Finger	Hände	Finger	Oberschenkel	rechter Fuß	linker Fuß	Oberschenkel
Finger	Finger	Finger	Hände	rechter Fuß	rechter Fuß	rechter Fuß	linker Fuß
Hände	Oberschenkel	Finger	Hände	Oberschenkel	Oberschenkel	Hände	Hände

Bewegungsball – Übung 2

auf die Oberschenkel klatschen	in die Hände klatschen	mit dem rechten Fuß aufstampfen	mit dem linken Fuß aufstampfen	mit den Fingern schnippen

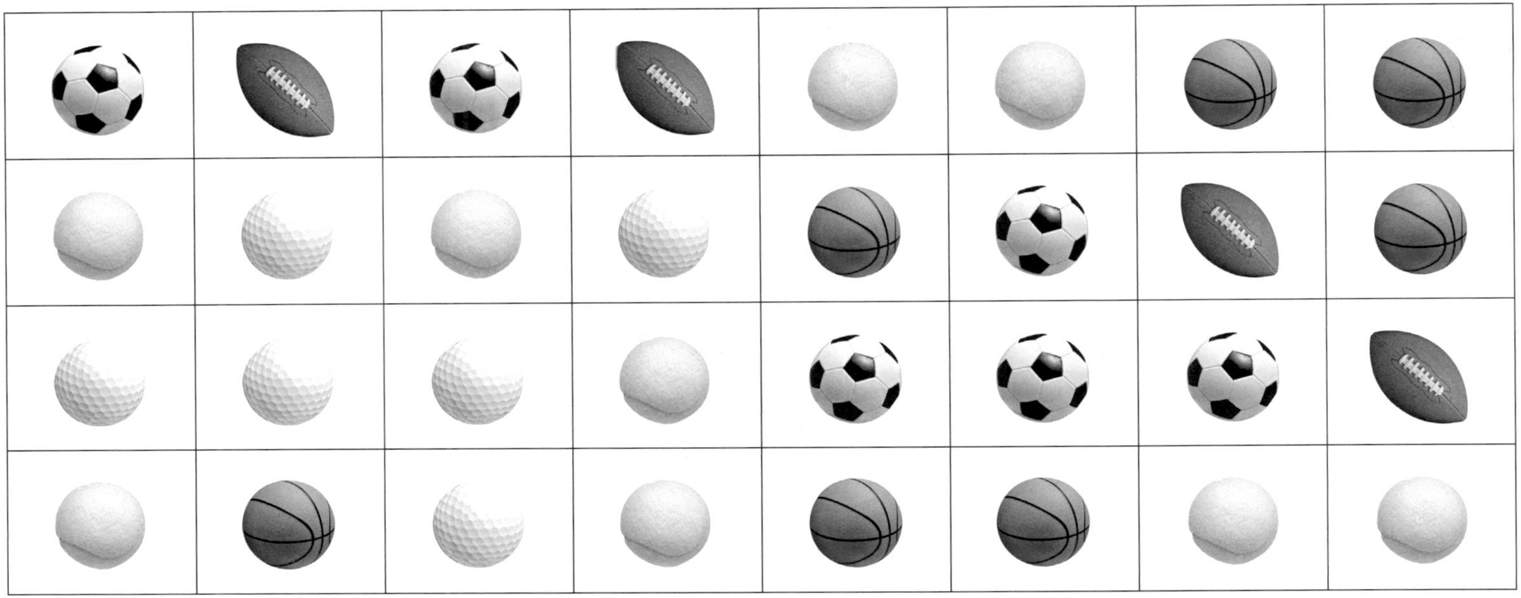

Wir sind superkonzentriert

Alter Klasse 5–10

Zielsetzung
- ✓ Konzentration trainieren
- ✓ Merkfähigkeit verbessern
- ✓ Arbeitsgedächtnis aktivieren
- ✓ flexibles Denken verbessern

Durchführung Die Bewegungsübung wird im Stehen durchgeführt. Fordern Sie Ihre Schüler*innen auf, sich hinter ihre Stühle zu stellen. Die Übung kombiniert Sprechen und Bewegen. Jedes Wort wird mit einer Bewegung verbunden.

Beispiel:

Wir	mit den Händen an die Knie fassen
sind	auf die Oberschenkel klatschen
super-	mit den Händen überkreuz an die Schultern fassen
konzentriert	Arme nach oben strecken und mit den Fingern schnippen

Sprechen Sie den Satz „Wir sind superkonzentriert" laut vor. Die Schüler*innen wiederholen ihn ebenfalls laut. Während des Sprechens werden die dazugehörigen Bewegungen ausgeführt.

Sobald sich die Schüler*innen die Bewegungen zu den entsprechenden Wörtern gemerkt haben, wird die Satzfolge verändert. Mit der Satzumstellung ändert sich auch der Ablauf der Bewegungen, was von den Schüler*innen eine hohe Konzentration sowie flexibles Denken verlangt.

Beispiele:
Sind wir superkonzentriert?
Super sind wir konzentriert.
Konzentriert sind wir super.

4

KAPITEL

KONZENTRATION durch Merkübungen

Warum Merkübungen?

Merkfähigkeit bezeichnet die Fähigkeit, Informationen sowohl kurzfristig als auch langfristig zu behalten, um sie bei Bedarf abrufen zu können. Die verschiedenen Arten der Merkfähigkeit versetzen die Schüler*innen in die Lage, dass sie sich z. B. kurzfristig merken können, wo sie ihr Fahrrad abgestellt haben, oder langfristig, welche Stadt die Hauptstadt von Deutschland ist. Für die Schüler*innen ist eine gute Merkfähigkeit von großer Bedeutung, denn nur so können sie die wichtigen Informationen des Lernstoffs aufnehmen und im Langzeitgedächtnis abspeichern.
Auch für das Aufgabenverständnis ist die Merkfähigkeit eine überaus wichtige Voraussetzung. Gerade beim Lösen von Rechenaufgaben müssen die Schüler*innen in der Lage sein, die notwendigen Informationen im Arbeitsspeicher lange genug zu halten, um diese mit bereits bestehendem Wissen in Verbindung bringen zu können. Schüler*innen, die über keine gute Merkfähigkeit verfügen, vergessen entweder oftmals Teile der Aufgabenstellung, während sie rechnen, oder sie verlieren es schlimmstenfalls sogar völlig aus dem Blick, die ganze Aufgabe zu bearbeiten.
Die Merkfähigkeit hängt von unterschiedlichen Faktoren ab, wie z. B. Interesse, Wachsamkeit, Stimmung, Konzentration und der Wichtigkeit, die man den zu merkenden Informationen entgegenbringt.
Schon von der ersten Klasse an müssen die Schüler*innen den unterschiedlichen Anforderungen an die Lern- und Merkfähigkeit gerecht werden. Sie haben sich immer wieder neues Wissen anzueignen und Strategien zu erlernen, um sich zu jeder Zeit einen zuverlässigen Abruf des Lernstoffs zu ermöglichen. Eine gute Merkfähigkeit der Schüler*innen macht sich vor allen Dingen dadurch bemerkbar, dass komplexe Informationen von ihrem Gehirn optimal aufgenommen, verarbeitet und gespeichert werden. Somit sind diese jederzeit für sie wieder abrufbar.

Die verwendeten Merkübungen sind:

⇨ Lückenhaftes Alphabet I (S. 47)
⇨ Lückenhaftes Alphabet II (S. 48)
⇨ Verschlüsselte Wörter (S. 50)
⇨ Buchstaben-Code (S. 52)
⇨ Zeichnerisch erinnern (S. 54)
⇨ Versteckte Botschaft (S. 56)
⇨ Bilder merken (S. 57)
⇨ Finde den Begriff (S. 62)

Lückenhaftes Alphabet I

Alter Klasse 5–7

Zielsetzung
- ✓ Arbeitsgedächtnis aktivieren
- ✓ Merkfähigkeit trainieren
- ✓ Konzentrationsspanne verlängern
- ✓ Wahrnehmung trainieren

Durchführung Teilen Sie Ihre Schüler*innen paarweise ein, wobei die Paare die Übung gleichzeitig durchführen. Die Aufgabe der Schüler*innen besteht darin, sich gemeinsam ein Wort mit einer bestimmten Anzahl von Buchstaben auszudenken. Es ist zu empfehlen, dass die Schüler*innen zuerst mit kürzeren Wörtern mit z.B. sechs Buchstaben beginnen. Erklären Sie Ihren Schüler*innen, dass sie abwechselnd die Buchstaben des Alphabets aufsagen. Wenn ein Buchstabe aus dem zuvor ausgesuchten Wort auftaucht, darf dieser nicht genannt werden, stattdessen sollen sie dafür das Wort „BOOM" einsetzen. Beide müssen sich darauf konzentrieren, dass sie selbst keinen Fehler machen und dass ihr Partner nur die richtigen Buchstaben nennt.

Beispiel:
ausgewähltes Wort: Schule
Schüler*in 1 sagt: „A", Schüler*in 2 sagt: „B",
Schüler*in 1 sagt: „BOOM" ...

Wenn ein oder zwei Durchgänge mit kürzeren Wörtern geklappt haben, fordern Sie Ihre Schüler*innen auf, längere Wörter in Angriff zu nehmen, wie z.B.: Mathematikunterricht, Europameisterschaftsvorrundenspiel etc. Welche 2er-Gruppe schafft das lückenhafte Alphabet mit dem längsten Wort?

Variante Bei längeren Wörtern kann die Übung als Gruppenübung in größeren Teams durchgeführt werden.

Lückenhaftes Alphabet II

Material eventuell für die einfachere Anleitung – pro Schüler*in: 1 Block und 1 Stift

Alter Klasse 8–10

Zielsetzung
- ✓ Arbeitsgedächtnis aktivieren
- ✓ Merkfähigkeit trainieren
- ✓ Konzentrationsspanne verlängern
- ✓ Wahrnehmung trainieren

Durchführung Erklären Sie Ihren Schüler*innen, dass Sie gleich in langsamem Tempo das Alphabet laut aufsagen werden, dabei aber Buchstaben auslassen. Für diese Buchstaben legen Sie eine kurze Pause ein. Falls zwei Buchstaben weggelassen werden, die aufeinanderfolgen, ist die Pause etwas länger.
Die fehlenden Buchstaben sollen sich die Schüler*innen gedanklich merken und am Ende der Übung so in eine Reihenfolge bringen, dass sie ein Wort ergeben. Bei einigen Übungen sind mehrere richtige Antworten möglich.
Sofern dies für Ihre Schüler*innen zu schwierig ist, können die fehlenden Buchstaben auch auf einem Block notiert werden. Bitte bedenken Sie, dass dann das Trainingsziel „Merkfähigkeit trainieren" nicht mehr gegeben ist.

Beispiele:
Lesen Sie ein Beispiel vor und lassen Sie die fett gedruckten und unterstrichenen Buchstaben weg, sie dienen nur Ihrer Unterstützung.

Drei Buchstaben fehlen:

1.	A B C D E F G H I J K L M N **O** P Q **R** S **T** U V W X Y Z	TOR, ROT, ORT
2.	A B C D E F **G** H I J K L M N O P Q R S T **U** V W X Y **Z**	ZUG
3.	A B C D E F G **H** I J K L M N O P Q **R** S T **U** V W X Y Z	UHR

Vier Buchstaben fehlen:

4.	A B C **D** E F G **H** I J K L M **N** O P Q R S T **U** V W X Y Z	HUND
5.	**A** B C **D** E F G H I J K **L** M **N** O P Q R S T U V W X Y Z	LAND
6.	A B C D **E** F G H I J **K** L M N O P Q **R** S T U V **W** X Y Z	WERK

Fünf Buchstaben fehlen:

7.	**A** B C D **E** F **G** H I J K **L** M N O P Q **R** S T U V W X Y Z	LAGER, REGAL
8.	A B C D **E** F G H I J K L M **N** O P Q **R** **S** **T** U V W X Y Z	STERN, ERNST
9.	A B C D **E** F **G** H **I** J K L M **N** O P Q **R** S T U V W X Y Z	RINGE, NIGER

Sechs Buchstaben fehlen:

10.	A B C D **E** F G H **I** J **K** L M **N** O P Q R **S** **T** U V W X Y Z	INSEKT, KISTEN
11.	A B **C** D **E** F G **H** I J K **L** M N O P Q R **S** T **U** V W X Y Z	SCHULE, LUCHSE
12.	A B C D **E** F **G** **H** **I** J K L M **N** O P Q **R** S T U V W X Y Z	GEHIRN, HERING

Sieben Buchstaben fehlen:

13.	A B C D **E** F G H I J **K** L M **N** **O** P Q **R** S **T** U V W X Y **Z**	KONZERT
14.	**A** B **C** D **E** F G **H** I J K **L** M N O P Q R S **T** U V **W** X Y Z	WACHTEL
15.	A B C D E F **G** **H** I **J** K L M N **O** P Q **R** S **T** **U** V W X Y Z	JOGHURT

Variante Ein*e Schüler*in überlegt sich ein Wort und benennt die Zahl der Buchstaben dieses Wortes. Sie*er sagt das Alphabet nach den Anweisungen auf, die bei der Durchführung erläutert sind. Der Rest der Klasse versucht, herauszufinden, um welches Wort es sich handelt.

Verschlüsselte Wörter

Alter Klasse 5–10

Zielsetzung
- ✓ Arbeitsgedächtnis aktivieren
- ✓ Merkfähigkeit trainieren
- ✓ Visualisieren verbessern
- ✓ Konzentrationsspanne verlängern
- ✓ Wahrnehmung trainieren

Durchführung Schreiben Sie ein Wort mit mindestens sieben Buchstaben an die Tafel. Passen Sie die Wortlänge an die Leistungsfähigkeit Ihrer Schüler*innen an. Nummerieren Sie die Buchstaben dieses Wortes durch, beginnen Sie bei 1 und schreiben Sie unter die Buchstaben die entsprechenden Zahlen.

Beispiel:

G	A	U	K	L	E	R
1	2	3	4	5	6	7

Die Aufgabe Ihrer Schüler*innen besteht darin, sich nun die Buchstaben mit den dazugehörigen Zahlen einzuprägen. Geben Sie Ihren Schüler*innen dazu 1 Minute Zeit und wischen dann Wort und Zahlen von der Tafel weg.
Anschließend nennen Sie Ihren Schüler*innen eine Kombination der Zahlen, die Sie eben notiert haben – die Schüler*innen versuchen, herauszufinden, welches Wort sich dahinter verbirgt. Ihre Schüler*innen sollen dabei die Antwort nicht sofort in die Klasse rufen, sondern warten, bis Sie eine*n Lernende*n zum Lösen auffordern. Dadurch geben Sie auch den schwächeren Schüler*innen die Chance, eine Lösung zu finden.

Beispiele:

4 – 3 – 7 = Kur
5 – 6 – 2 = Lea
2 – 3 – 5 – 2 = Aula
6 – 3 – 5 – 6 = Eule
1 – 7 – 2 – 3 = Grau
4 – 5 – 6 – 6 = Klee
1 – 3 – 7 – 4 – 6 = Gurke
5 – 2 – 3 – 1 – 6 = Lauge

Varianten

1. Die Schüler*innen sollen herausfinden, aus wie vielen Buchstaben ein von Ihnen vorgegebenes längeres Wort besteht (Beispiel: „Informationsverarbeitungsgeschwindigkeit" = 40).
2. Die Schüler*innen sollen bei längeren Wörtern herausfinden, aus wie vielen unterschiedlichen Buchstaben das Wort besteht (Beispiel „Informationsverarbeitungsgeschwindigkeit": I = 6, N = 4, F = 1, O = 2, R = 3, M = 1, A = 2, T = 3, S = 3, V = 1, E = 4, B = 1, U = 1, G = 3, C = 1, H = 1, W = 1, D = 1, K = 1)
   Je nach Länge des Wortes dürfen die Buchstaben schriftlich notiert werden.
3. Die Schüler*innen sollen herausfinden, welcher Buchstabe oder welche Buchstaben genau in der Mitte des Wortes zu finden sind. (Beispiel siehe oben: „it").
4. Die Schüler*innen sollen das Wort im Plenum rückwärts buchstabieren (Beispiel siehe oben: „tiekgidniwhcsegsgnutiebrarevsnoitamrofnI").
5. Reihum sollen die Schüler*innen nur jeden zweiten Buchstaben des vorgegebenen Wortes buchstabieren (Beispiel siehe oben: „nomtoseabiuggshidget").
6. Schreiben Sie das Wort „Europawahl" oder ein anderes von Ihnen zuvor ausgewähltes Wort mit maximal 15 Buchstaben an die Tafel. Die Aufgabe der Schüler*innen besteht darin, zu den Buchstaben den jeweiligen Stellenwert im Alphabet zu nennen.
   Der genannte Stellenwert wird von Ihnen unter den jeweils genannten Buchstaben notiert. Am Ende ermitteln die Schüler*innen die Gesamtsumme aller Zahlen.

E	u	r	o	p	a	w	a	h	l
5	21	18	15	16	1	23	1	8	12
						Summe:		120	

Buchstaben-Code

Material eventuell pro Schüler*in: 1 Block und 1 Stift

Alter Klasse 5–10

Zielsetzung
- ✓ Arbeitsgedächtnis aktivieren
- ✓ Merkfähigkeit trainieren
- ✓ Konzentrationsspanne verlängern

Durchführung Schreiben Sie nachfolgende Buchstaben mit den dazugehörigen Zahlen an eine Tafel. Die Aufgabe der Schüler*innen besteht darin, sich die Buchstaben-Zahlenkombination zu merken. Geben Sie ihnen hierzu 1 Minute Zeit.

Beispiele:

P = 2 K = 3
A = 4 L = 5
R = 6 E = 7
N = 8 S = 9

Wischen Sie die Vorgaben von der Tafel und stellen Sie Ihren Schüler*innen Rechenaufgaben, indem Sie die den Zahlen zugeordneten Buchstaben nennen: z. B. P x N statt 2 x 8.
Je nach Leistungsfähigkeit lösen die Schüler*innen die Aufgabe schriftlich oder im Kopf. Die Auflösung erfolgt anschließend im Plenum (P x N = 16).

1. S x K = 27	6. S x E = 63
2. N : P = 4	7. R : P = 3
3. A + E = 11	8. N x K = 24
4. R x L = 30	9. E + S = 16
5. E + N = 15	10. A + L = 9

Varianten

1. Geben Sie Ihren Schüler*innen nachfolgende Beispielwörter vor. Die Wertigkeit der Buchstaben entspricht denen, die auf S. 52 aufgeführt sind (P = 2 ...). Die Aufgabe der Schüler*innen besteht darin, die Summe der genannten Wörter zu ermitteln.

Beispiele:

1. PAPA	= 12	6. PRESSE	= 40
2. KARLA	= 22	7. KELLER	= 33
3. KERN	= 24	8. LERNEN	= 41
4. REN	= 21	9. LARS	= 24
5. PASS	= 24	10. RANKE	= 28

2. Verschiedene Schüler*innen bilden abwechselnd aus den vorgegebenen Buchstaben von S. 52 ein Wort.
Ihre Mitschüler*innen sollen das Ergebnis errechnen.

3. Schreiben Sie je nach Leistungsfähigkeit Ihrer Schüler*innen verschiedene Zahlenkombinationen an die Tafel. Die Schüler*innen sollen herausfinden, welches Wort sich dahinter verbirgt.

Beispiele:

1. 445	= AAL	6. 3577	= KLEE
2. 3765	= KERL	7. 2463	= PARK
3. 9464	= SARA	8. 24227	= PAPPE
4. 846678	= NARREN	9. 578376	= LENKER
5. 246455757	= PARALLELE	10. 3549978	= KLASSEN

Zeichnerisch erinnern

Material pro Schüler*in: 1 Block und 1 Stift

Alter Klasse 5–10

Zielsetzung
- ✓ Arbeitsgedächtnis aktivieren
- ✓ Merkfähigkeit trainieren
- ✓ Konzentrationsspanne verlängern
- ✓ Fantasie und Kreativität anregen

Durchführung Nennen Sie Ihren Schüler*innen langsam im Abstand von 10 Sekunden zehn beliebige Substantive. Die Aufgabe der Schüler*innen besteht darin, sich diese zu merken, sie anschließend aber nicht als Wort, sondern zeichnerisch zu erinnern.

Beispiele:
Katze – Besen – Stiefel – Tisch – Regenschirm – Wasserflasche – Auto – Schlüssel – Haus – Schnecke

Geben Sie Ihren Schüler*innen 3 Minuten Zeit, so viele Begriffe wie möglich bildhaft darzustellen.

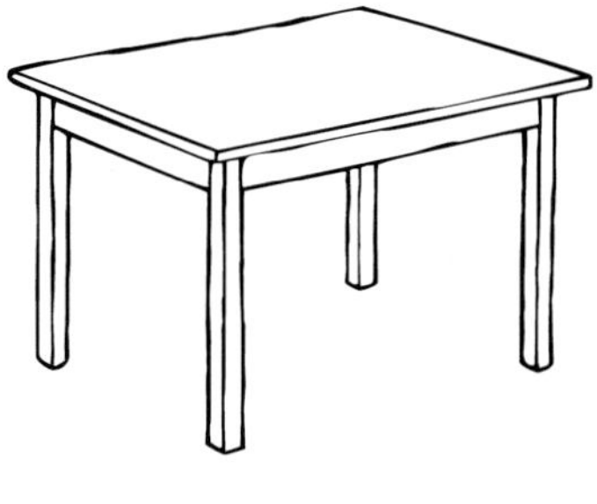

Dies wären fünf richtige Antworten.

Illustrationen: © Anja Boretzki

Varianten Verändern Sie den Schwierigkeitsgrad wie unten aufgeführt und geben Sie Ihren Schüler*innen 3 Minuten Zeit, so viele Begriffe wie möglich bildhaft darzustellen. Die Schüler*innen sollen ihrer Fantasie freien Lauf lassen.

1. Nennen Sie zehn Verben, wie z. B. malen - rennen - essen - lesen - hüpfen - kochen - waschen - kämmen - sitzen - lachen.
2. Nennen Sie zehn Sportarten, wie z. B. Fußball - Tennis - Hockey - Segeln - Reiten - Gewichtheben - Fechten - Weitsprung - Schwimmen - Golf.
3. Nennen Sie zehn englische Begriffe, wie z. B. car - mountain - key - mouse - butterfly - shoe - trousers - glasses - mirror - eye.

Versteckte Botschaft

Alter Klasse 5–10

Zielsetzung
- ✓ Arbeitsgedächtnis aktivieren
- ✓ Merkfähigkeit trainieren
- ✓ Konzentrationsspanne verlängern

Durchführung

Kündigen Sie Ihren Schüler*innen an, dass Sie ihnen gleich einen Satz vorsprechen werden. Die Aufgabe der Schüler*innen besteht darin, genau hinzuhören und sich diesen Satz einzuprägen. Dann soll sich jede*r Schüler*in die einzelnen Wörter der Reihe nach noch einmal vorstellen und sich von jedem Wort nur den zweiten Buchstaben merken. Diese zweiten Buchstaben ergeben das Lösungswort.

Beispiele:

1. A**b**ends s**u**chen S**c**hweizer C**h**ampignons. **(Buch)**
2. I**s**t S**t**affellauf e**i**ne e**f**fiziente S**t**adtreklame? **(Stift)**
3. C**h**ristian r**u**dert i**n** E**d**inburgh. **(Hund)**
4. A**l**le H**a**sen h**u**sten e**t**was. **(laut)**
5. A**g**nes f**l**iegt n**a**ch E**s**tland. **(Glas)**
6. E**w**ald b**a**ckt P**f**ingsten o**f**t l**e**ckere B**l**aubeermuffins. **(Waffel)**

Varianten

1. Lassen Sie jede*n Ihrer Schüler*innen nach dem vorgegebenen Schema selbst einen Satz erfinden. Die Mitschüler*innen erarbeiten die versteckten Wörter.
2. Die Schüler*innen kreieren Sätze, in denen jeder dritte Buchstabe eines Wortes das Lösungswort ergibt.
   Beispiel:
   El**s**a st**a**pelt bu**n**te Ba**d**eschwämme. **(Sand)**

KAPITEL 4

Bilder merken

Material pro Schüler*in: 1 Arbeitsblatt (s. S. 58/59 oder S. 60/61)

Alter Klasse 5–10

Zielsetzung
- ✓ Arbeitsgedächtnis aktivieren
- ✓ Merkfähigkeit trainieren
- ✓ Konzentrationsspanne verlängern
- ✓ Wahrnehmung trainieren

Durchführung Je nach Leistungsfähigkeit Ihrer Schüler*innen benutzen Sie das Arbeitsblatt mit Übung 1 oder 2. Jede*r Schüler*in bekommt ein beidseitig bedrucktes Arbeitsblatt, das Sie mit der Seite A nach oben auf den Tisch legen. Fordern Sie Ihre Schüler*innen auf, sich die vorgegebenen Bilder 1 Minute lang gut einzuprägen. Anschließend sollen sie ihr Übungsblatt abdecken.
Stellen Sie nun Rechenaufgaben, wie z. B. folgende: 6 x 12 = 72; 7 x 5 = 35; 64 : 8 = 8; 9 x 9 = 81; 76 – 17 = 59
Dann fordern Sie Ihre Schüler*innen auf, das Arbeitsblatt umzudrehen (Seite B) und die entsprechenden Veränderungen zu markieren.
Die Rechenaufgaben dienen dazu, die Schüler*innen zwischenzeitlich von der Merkübung abzulenken. Die zuvor gemerkten Informationen (Bilder) müssen anschließend dann aus dem Langzeitgedächtnis abgerufen werden. Kleine Ablenkungen tragen dazu bei, den Lernprozess zu fördern, damit Informationen nicht nur kurzzeitig gespeichert und wieder schnell vergessen werden.

Lösung Übung 1:
Verändert sind die Mütze, die Blume, das Bonbon, die Pilze, der Telefonhörer.

Lösung Übung 2:
Verändert sind: statt Chemieunterricht steht Sportunterricht, statt München Hamburg. Folgende Bilder fehlen: Geschenk, Krone; neu sind: Mikrofon, Telefon.

Bilder merken – Übung 1

Seite A

Bilder merken – Übung 1

Seite B

Was hat sich verändert, was ist gleich geblieben?
Streiche die veränderten/neuen Bilder durch.

Bilder merken – Übung 2

Seite A

Schulhof

Chemieunterricht

Weihnachtsmann

München

Abiball

Wintersport

Bilder merken – Übung 2

Seite B

Was hat sich verändert, was ist gleich geblieben?
Streiche die veränderten/neuen Bilder durch.

Schulhof

Abiball

Weihnachtsmann

Wintersport

Sportunterricht

Hamburg

Finde den Begriff

Alter Klasse 5–10

Zielsetzung
✓ aktive Wortfindung trainieren
✓ Merkfähigkeit verbessern

Durchführung Teilen Sie die Schüler*innen in zwei Gruppen ein. Die beiden Gruppen spielen unabhängig voneinander und reihum. Sie nennen abwechselnd erst eine Obst- oder Gemüsesorte und dann eine Süßigkeit, dabei gehen sie von A bis Z vor. Gruppe 1 beginnt mit Obst- und Gemüsesorten, Gruppe 2 mit Süßigkeiten.

Beispiel:
Gruppe 1: Apfelsine, Bonbon, Chinakohl ...
Gruppe 2: Alpenmilchschokolade, Banane, Colaflaschen ...

Die Gruppe, die als erste beim Buchstaben Z angelangt ist, hat gewonnen. Lassen Sie im Anschluss jede Gruppe ihre überlegten Begriffe kurz mündlich vorstellen. Dies trainiert gleichzeitig die Merkfähigkeit.

Varianten

1. Die Gruppen suchen die Wörter in der Reihenfolge Z–A oder auch A, Z, B, Y ...
2. Die Gruppen suchen die Begriffe auf Englisch.
3. Die Gruppen suchen Begriffe, in denen ein bestimmter Buchstabe nicht vorkommen darf, z. B. der Buchstabe „e“. Das Weglassen eines Buchstabens erfordert beim Abrufen aus dem Wortschatz eine erhöhte Konzentration.
4. Die Gruppen suchen Begriffe zum jeweiligen Unterrichtsthema.

Tipp Schwierige Buchstaben wie c, q, x und y können in den verschiedenen Varianten gegebenenfalls weggelassen werden oder ergeben einen Sonderpunkt.

5 KAPITEL

KONZENTRATION durch Schreibübungen

Warum Schreibübungen?

Schreiben ist ein Prozess, der zum Lernen in der Schule unerlässlich notwendig ist. Die Schüler*innen müssen z. B. Referate verfassen, Aufsätze schreiben, Texte interpretieren oder komplizierte Rechenaufgaben lösen. Hierbei spielt die Konzentration eine wesentliche bzw. wichtige Rolle.
Oftmals schweifen jedoch die Gedanken aus den unterschiedlichsten Gründen immer wieder ab. Dieses Abschweifen bewirkt, dass ein konzentriertes Schreiben nicht mehr möglich ist.
Die nachfolgenden Schreibübungen sollen dazu beitragen, dass die Schüler*innen auf spielerische Art lernen, sich beim Schreiben wieder stärker zu fokussieren.
Darüber hinaus gehört zum Schreiben auch eine gut entwickelte Feinmotorik der Schreibhand. Durch die zunehmende Technisierung in und außerhalb der Schule wird diese wichtige Fähigkeit nicht mehr ausreichend trainiert, z. B. werden Nachrichten bei Messengerdiensten eingetippt, statt sie handschriftlich zu notieren.
Die nachfolgenden Schreibübungen beziehen sich daher nicht nur auf das Schreiben von Wörtern und Zahlen, sondern haben auch das Ziel, durch Konzentration auf die Feinmotorik eine gezielte Stift-Augen-Hand-Koordination zu trainieren.

Die verwendeten Schreibübungen sind:

Kreative Sätze

Material pro Schüler*in: 1 Block und 1 Stift

Alter Klasse 5–10

Zielsetzung
- ✓ Konzentrationsspanne verlängern
- ✓ kreative Wortfindung trainieren
- ✓ flexibles Denken verbessern

Durchführung Schreiben Sie einen beliebigen kurzen Satz an die Tafel, allerdings lassen Sie dabei die Konsonanten weg.

Beispiel: Morgen regnet es. = (an die Tafel schreiben:) oe ee e

Die Aufgabe der Schüler*innen besteht darin, einen Satz zu formulieren, in den die vorgegebenen Vokale passen. Diesen schreiben sie auf. Es gibt verschiedene Lösungsmöglichkeiten. Der vorgegebene Satz dient somit nur dazu, ein „Vokalmuster" zu kreieren.
Jetzt sind Ihre Schüler*innen an der Reihe, Vokalmuster zu entwickeln. Lassen Sie immer eine*n Schüler*in ein Muster an die Tafel schreiben und fordern Sie den Rest der Klasse auf, mögliche Sätze zu schreiben.

Variante Teilen Sie Ihre Schüler*innen in Kleingruppen zu vier bis sechs Personen ein und schreiben Sie nachfolgendes Vokalmuster an die Tafel:
Morgen machen wir einen Klassenausflug. = (an die Tafel schreiben:) oe ae i eie aeauu

Welche Gruppe hat zuerst einen passenden Satz geschrieben?

Spiegelübung

Material ✓ pro Schüler*in: 1 Block und 1 Stift
✓ bei Variante – pro Schüler*in: 1 Arbeitsblatt (s. S. 67) und 1 Stift

Alter Klasse 5–10

Zielsetzung ✓ Konzentrationsspanne verlängern
✓ flexibles Denken verbessern
✓ Wahrnehmung trainieren

Durchführung Zeichnen Sie nachfolgende oder eine beliebige andere Form an die Tafel. Die Schüler*innen zeichnen die vorgegebene Form auf ihren Block auf und spiegeln sie anschließend zu beiden Seiten. Beim Spiegeln kommt dabei einmal die rechte Hand und einmal die linke Hand zum Einsatz.

Beispiel:

mit der linken Hand gespiegelt

mit der rechten Hand gespiegelt

Variante Jede*r Schüler*in erhält ein Arbeitsblatt und schreibt den Text darauf spiegelbildlich – einmal mit der rechten Hand und einmal mit der linken.

Spiegelübung

Hast du schon einmal versucht, spiegelbildlich zu schreiben? Gar nicht so einfach! Nun hast du Gelegenheit, ein bisschen zu üben. Schreibe zuerst mit deiner rechten Hand das Wort gespiegelt, dann mit deiner linken. Viel Spaß dabei!

.... Mit ....

.... der ....

.... linken ....

.... Hand ....

.... zu ....

.... schreiben ....

.... ist ....

.... gar ....

.... nicht ....

.... so ....

.... schwer ....

.... und ....

.... macht ....

.... Spaß ....

Lexikonwörter

Material pro Schüler*in: 1 Block und 1 Stift

Alter Klasse 5–10

Zielsetzung
✓ Konzentrationsspanne verlängern
✓ flexibles Denken verbessern
✓ Langzeitgedächtnis aktivieren
✓ Visualisieren von Wörtern schulen

Durchführung Geben Sie Ihren Schüler*innen zwei Substantive vor, die in einem Wörterbuch nahe beieinanderstehen. Die Aufgabe der Schüler*innen besteht darin, in 2 Minuten Zeit so viele Substantive wie möglich auf ihrem Block zu notieren, die zwischen diesen Wörtern stehen könnten.

Beispiele:
Klasse und Krokodil: Klima, Kleber, Kluft, Krabbe, Kraft, Krefeld, Krippe ...

Varianten

1. Sie können die Übung auch mit Adjektiven oder Verben durchführen lassen.
   Beispiele:
   klapprig und krumm: kleinlich, kostbar, kraftvoll, kreativ, kreisförmig ...
   klammern und kritzeln: klingeln, kleben, kleistern, klauen, kochen ...
2. Die Übung wird mit der ganzen Klasse an der Tafel durchgeführt. Schreiben Sie die zwei Substantive an die Tafel. Lassen Sie sich von den Lernenden 1 Minute lang passende Wörter zurufen, die Sie an der Tafel aufschreiben. Anschließend ist es Aufgabe jeder*jedes Einzelnen, die an der Tafel angeschriebenen Wörter in einer alphabetischen Reihenfolge auf seinem*ihrem Block zu notieren. Derjenige*diejenige, der*die als Erstes fertig ist, darf seine*ihre Lösung vorlesen. Die Mitschüler*innen kontrollieren das Ergebnis und korrigieren eventuelle Fehler.

KAPITEL 5

Silbentrennung

Material pro Schüler*in: 1 Block und 1 Stift

Alter Klasse 5–10

Zielsetzung
- ✓ Konzentrationsspanne verlängern
- ✓ flexibles Denken verbessern
- ✓ Urteilsfähigkeit trainieren

Durchführung Lesen Sie Ihren Schüler*innen die nachfolgenden Wörter nacheinander langsam und deutlich vor. Die Aufgabe der Schüler*innen besteht darin, jedes vorgelesene Wort, in Silben getrennt aufzuschreiben. Beenden Sie nach 5 Minuten die Übung und vergleichen Sie die Ergebnisse im Plenum.

Tipp Sie können die Übung einfacher gestalten, wenn Sie Wörter nicht nur nennen, sondern an der Tafel anschreiben.

Beispiele:

Klasse 5–6	**Worterweiterung für Klasse 7–10**
1. Jugendabenteuer	-vorlesegeschichte
2. Pollenflug	-wetterwarnung
3. Schokoladennikolaus	-einpackfolie
4. Mathematikunterricht	-sarbeitsblätter
5. Autoreparatur	-werkstattkosten
6. Schwimmbadsaison	-kartenverkauf
7. Weihnachtstanne	-nbaumdekoration
8. Hamsterfutter	-fachgeschäftsaufgabe

Kreatives in Wort und Bild

Material pro Schüler*in: 1 DIN-A4-Blatt und 1 Stift

Alter Klasse 5–10

Zielsetzung
- ✓ Konzentrationsspanne verlängern
- ✓ flexibles Denken verbessern
- ✓ Urteilsfähigkeit trainieren

Durchführung Lassen Sie alle Schüler*innen ein DIN-A4-Blatt hochkant vor sich auf den Tisch legen. Sie sollen dieses einmal längsseitig in der Mitte falten und das noch 2-mal jeweils in der Mitte, sodass sich beim Aufklappen acht Felder ergeben.
In das oberste Feld schreiben sie einen von ihnen gewählten Beruf, wie z. B. Köchin oder Koch. Dann reichen alle Schüler*innen auf Ihr Kommando gleichzeitig ihr Blatt zum*zur rechten Nachbarn*in weiter. Diese*r liest den Begriff und zeichnet in das darunterliegende zweite Feld ein entsprechendes Bild. Er*sie knickt nur das oberste Feld nach hinten um, damit der Begriff nicht mehr zu lesen ist. Dann wird das Blatt wieder auf Ihr Kommando nach rechts weitergegeben. Die Person schaut sich das Bild an und schreibt den Beruf, den das Bild ihr aufzeigt, in das nächste, darunterliegende freie Feld. Jetzt knickt sie die Zeichnung nach hinten weg, sodass nur noch der eben aufgeschriebene Beruf zu lesen ist. Dann wandert das Blatt wieder nach rechts weiter ... Ist die erste Spalte voll, geht es in der zweiten weiter. Wenn das Blatt von der siebten Person bearbeitet wurde, beenden Sie die Übung. Ist aus dem Koch vielleicht ein Schornsteinfeger geworden?

Beispiel:

Rotierende Buchstaben

Material ✓ pro Schüler*in: 1 Block und 1 Stift
✓ eventuell pro Schüler*in: 1 Arbeitsblatt (s. S. 72)

Alter Klasse 5–10

Zielsetzung ✓ Konzentrationsspanne verlängern
✓ flexibles Denken verbessern
✓ Urteilsfähigkeit trainieren

Durchführung Schreiben Sie ein Wort, z. B. „RABE“, so an die Tafel, dass die Druckbuchstaben untereinander am linken Rand stehen. Die Schüler*innen übertragen das angeschriebene Wort in dieser Form auf ihren Block. Anschließend sollen die Schüler*innen jeden einzelnen Buchstaben gedanklich um 90 Grad nach rechts drehen und entsprechend auf ihrem Block aufzeichnen. Alternativ können Sie hier auch das Arbeitsblatt an die Schüler*innen verteilen.

Beispiel:

R 

A ....

B ....

E ....

Variante Fordern Sie Ihre Schüler*innen auf, abwechselnd einen Buchstaben gedanklich um 90 Grad nach rechts und den nächsten um 90 Grad nach links zu drehen. Den Überlegungen entsprechend, zeichnen sie die Buchstaben auf ihren Block. Beim Wort „RABE“ würde z. B. **R** nach rechts gedreht, **A** nach links gedreht werden etc. Die Schüler*innen führen dies fort, bis alle Buchstaben des vorgegebenen Wortes in ihre Anfangsposition gedreht wurden. Bei der Übung können Sie mit der Länge des Wortes den Schwierigkeitsgrad variieren.

Rotierende Buchstaben

Drehe jeden einzelnen Buchstaben gedanklich um 90 Grad nach rechts.
Fülle so die Tabelle aus.

G				
E				
H				
I				
R				
N				

S				
Y				
N				
A				
P				
S				
E				

M				
A				
T				
H				
E				
M				
A				
T				
I				
K				

Kunterbuntes Abc

Material
- ✓ pro Gruppe: 1 Blatt und 1 Stift
- ✓ bei Variante 4 – pro Gruppe: 1 Arbeitsblatt (s. S. 74) und 1 Stift

Alter Klasse 5–10

Zielsetzung
- ✓ Konzentrationsspanne verlängern
- ✓ flexibles Denken verbessern
- ✓ Urteilsfähigkeit trainieren
- ✓ Wahrnehmung erhöhen

Durchführung

Teilen Sie Ihre Klasse in Kleingruppen mit zu vier bis sechs Personen ein. Jede Gruppe erhält ein leeres Blatt und einen Stift. Die Aufgabe der Schüler*innen besteht darin, zu einem vorgegebenen Thema, wie z. B. „Städte", passende Antworten aufzuschreiben. Dabei suchen sie die Städte dann so, dass deren Anfangsbuchstaben eine alphabetischer Reihenfolge haben, schreiben sie aber kreuz und quer auf dem Blatt auf. Das Blatt wird hierzu von Schüler*in zu Schüler*in weitergereicht, sodass je nach Gruppengröße die Schüler*innen das Blatt mehrmals erhalten können.
Im zweiten Schritt der Übung tauschen zwei Gruppen ihre Zettel. Jetzt ist es ihre Aufgabe, die aufgeschriebenen Städte in alphabetischer Reihenfolge durchzustreichen, wobei auch jetzt das Blatt von Schüler*in zu Schüler*in weitergereicht wird.

Varianten

1. Je spezifischer der vorgegebene Oberbegriff ist, desto schwieriger wird die Übung. Dies können Sie z. B. bei der Vorgabe „Städte" umsetzen, indem Sie „europäische Städte" oder „amerikanische Städte" fordern.
2. Die Schüler*innen suchen einsilbige Wörter, z. B. Tiere oder Lebensmittel.
3. Die Schüler*innen suchen in der Reihenfolge einsilbige, zweisilbige, dreisilbige Wörter, dann wieder einsilbige, zweisilbige ...
4. Jeder Gruppe erhält das Arbeitsblatt von Seite 74. Gespielt wird wie bereits beschrieben.

Kunterbuntes Abc

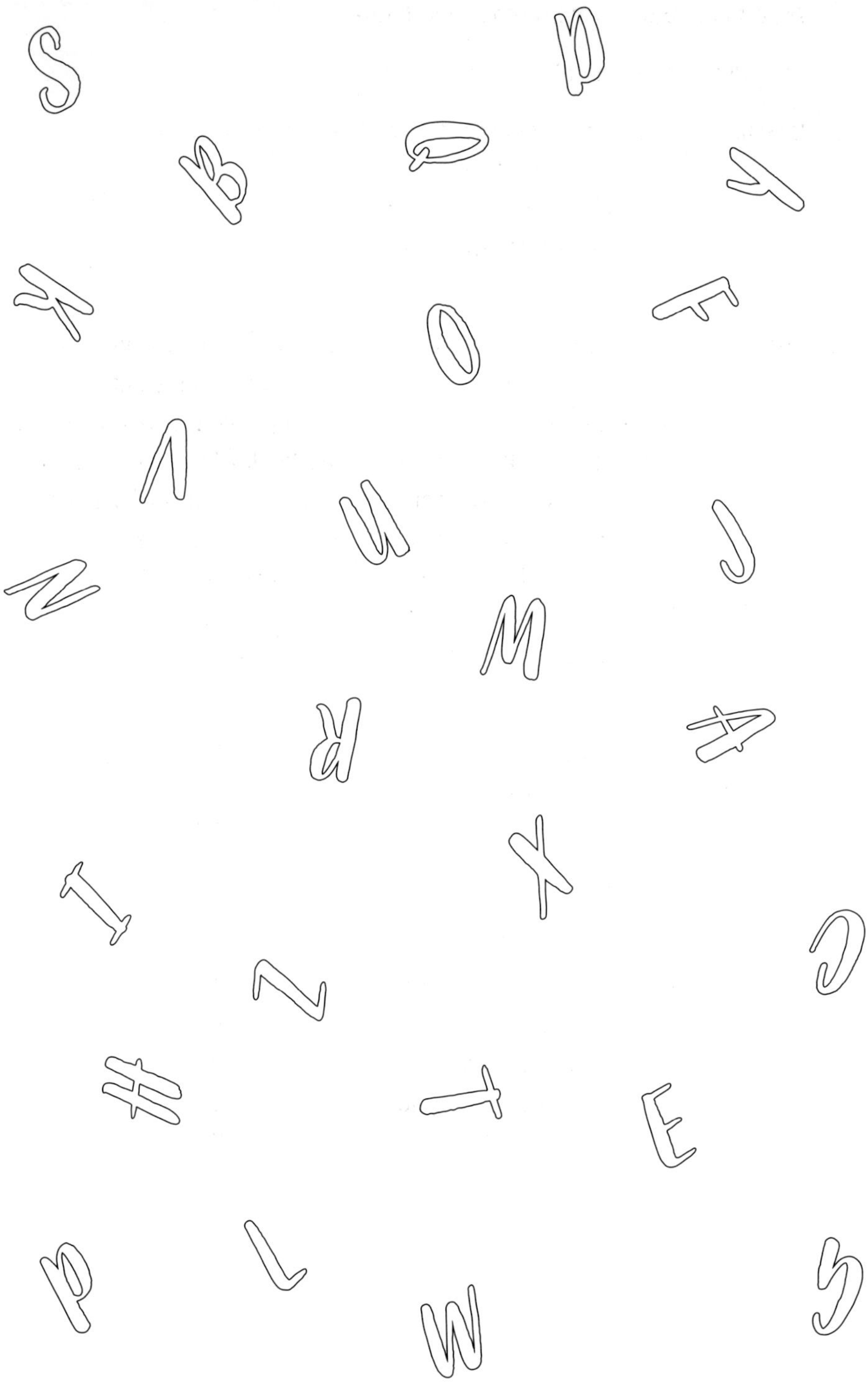

Volle Schlange

Material	pro Gruppe: 1 Block und 1 Stift
Alter	Klasse 5–10
Zielsetzung	✓ Konzentrationsspanne verlängern ✓ Wortfindung trainieren ✓ passiven Wortschatz aktivieren ✓ flexibles Denken verbessern

Durchführung

Schreiben Sie die Buchstaben des Wortes „Kopfakrobat" von oben nach unten und von unten nach oben an die Tafel. Teilen Sie Ihre Schüler*innen in Kleingruppen zu vier bis sechs Personen ein. Das angeschriebene Tafelbild soll jede Gruppe dann auf ihren Block übertragen. Die Aufgabe der Schüler*innen besteht darin, in 3 Minuten Wörter für den Zwischenraum zu finden. Als Anfangs- und Endbuchstaben gilt es, die jeweils links und rechts vorgegebenen Buchstaben zu nutzen.
Pro gefundenes Wort gibt es einen Punkt.

Beispiel:

K	Kurt, Karat, Kraft ...	**T**
O	Opa, Omega, Olivia ...	**A**
P	Papierkorb, Pub, Polizeistab ...	**B**
F	Foto, Francisco, Fabio ...	**O**
A	Anker, Armbanduhr, Autor ...	**R**
K	Krank, Kalk, Kork ...	**K**
R	Rumba, Razzia, Rita ...	**A**
O	Olaf, off, Orff ...	**F**
B	Biotop, Bottrop, Backshop ...	**P**
A	Auto, Audio, Angelo ...	**O**
T	Tabak, Track, Tick ...	**K**

Tipp Um bei ähnlich starken Gruppen den Wettbewerbscharakter zu verstärken, können Sie ein paar Zusatzregeln einführen. Die Gruppe, die dort ein Lösungswort gefunden hat, wo andere Gruppen kein Wort aufschreiben konnten, erhält einen Extrapunkt. Ebenso kann man es bei schwierigen Buchstabenkombinationen, wie z. B. „B-P", handhaben.

Variante Schreiben Sie wie vorgegeben das Wort „Kopfakrobat" an die Tafel. Teilen Sie die Klasse in zwei Gruppen und geben Sie Ihren Schülern 3 Minuten Zeit, ein Adjektiv für den Buchstaben auf der linken Seite und ein passendes Substantiv für den rechten Buchstaben zu finden.

Beispiel:

K	kurzsichtiger	T	Taschendieb
O	offene	A	Autotür
P	preisgekrönter	B	Ballsportler
F		O	
A		R	
K		K	
R		A	
O		F	
B		P	
A		O	
T		K	

KAPITEL 6

KONZENTRATION durch Wahrnehmungsübungen

Warum Wahrnehmungsübungen?

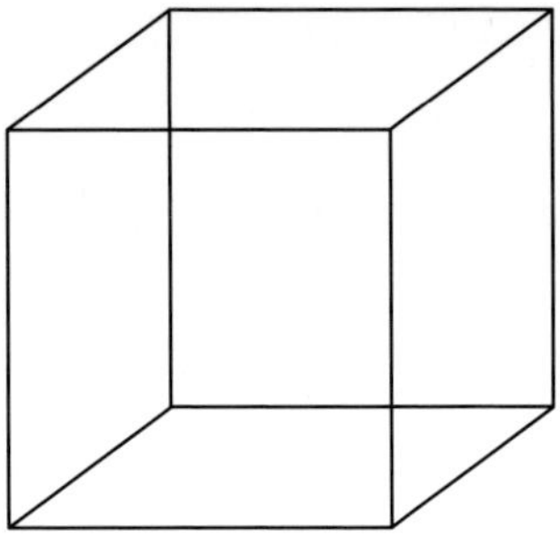

Was gezielte Wahrnehmungsübungen für die Konzentrationsfähigkeit erreichen können, lässt sich gut durch eine kleine Übung deutlich machen. Wie sehen Sie den abgebildeten Würfel?
Den abgebildeten Würfel kann man auf zwei verschiedene Weisen wahrnehmen. Zum einen kann man sehen, dass der Würfel mit der vorderen Seite nach links unten ausgerichtet ist, zum anderen kann man auch meinen, er zeigt mit dieser Seite nach oben rechts. Für eine gezielte Steuerung der Wahrnehmung lässt man die verschiedenen Perspektiven ein paar Mal hin- und herspringen. Das wird durch regelmäßige Übung immer einfacher.
Für das Lernen und Abspeichern im Langzeitgedächtnis ist es zwar wichtig, mit verschiedenen Sinnen zu arbeiten, für das gezielte Konzentrationstraining ist es jedoch wichtig, sich auf einen Sinneskanal fokussieren zu können. Tatsächlich strömen viele Sinnesreize täglich in der Schule sowie im Alltag auf die Schüler*innen ein. Es ist oft eine Herausforderung für sie, sich kurzfristig auf nur eine bestimmte Wahrnehmung zu konzentrieren oder sich durch eine neue Wahrnehmung nicht ablenken zu lassen.
Mit den nachfolgenden Übungen trainieren Sie mit den Schülern, bewusst nur einen Wahrnehmungssinn anzusteuern und sich dadurch besser zu konzentrieren. Gleichzeitig wird die Wahrnehmung auf diesem Kanal intensiviert und geschult.

Die verwendeten Wahrnehmungsübungen sind:

Muster zeichnen

Material pro Schüler*in: 1 kariertes Blatt und 1 Stift

Alter Klasse 5–10

Zielsetzung
- ✓ Konzentrationsspanne verlängern
- ✓ genaues Hinhören stärken
- ✓ bei den Varianten: genaues Formulieren und Hinschauen stärken

Durchführung Lesen Sie Ihren Schülern je nach Leistungsfähigkeit eine der nachfolgenden Anweisungen vor. Aufgabe der Schüler*innen ist es, anhand der gehörten Informationen das richtige Muster auf das karierte Blatt zu zeichnen. Bitte weisen Sie Ihre Schüler*innen darauf hin, dass während der Instruktion nicht nachgefragt werden darf, da sonst die Konzentration der anderen gestört wird.

Beispiel 1:

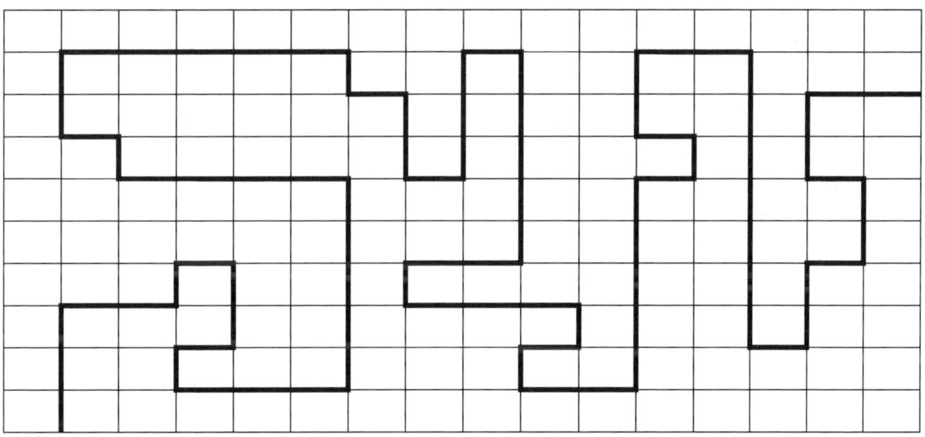

Anfang

Beschreibung: Ihre Schüler*innen sollen im ersten Schritt auf dem leeren, karierten Blatt ein Feld von zehn Kästen (Höhe) und 16 Kästchen (Breite) umranden. Am linken, unteren Rand beim zweiten Kästchen des Blattes ist anzufangen. Lesen Sie die Vorgaben auf Seite 80 vor, nach denen die Schüler*innen zeichnen sollen.

Drei Kästchen nach oben – zwei Kästchen nach rechts – ein Kästchen nach oben – ein Kästchen nach rechts – zwei Kästchen nach unten – ein Kästchen nach links – ein Kästchen nach unten – drei Kästchen nach rechts – fünf Kästchen nach oben – vier Kästchen nach links – ein Kästchen nach oben – ein Kästchen nach links – zwei Kästchen nach oben – fünf Kästchen nach rechts – ein Kästchen nach unten – ein Kästchen nach rechts – zwei Kästchen nach unten – ein Kästchen nach rechts – drei Kästchen nach oben – ein Kästchen nach rechts – fünf Kästchen nach unten – zwei Kästchen nach links – ein Kästchen nach unten – drei Kästchen nach rechts – ein Kästchen nach unten – ein Kästchen nach links – ein Kästchen nach unten – zwei Kästchen nach rechts – fünf Kästchen nach oben – ein Kästchen nach rechts – ein Kästchen nach oben – ein Kästchen nach links – zwei Kästchen nach oben – zwei Kästchen nach rechts – sieben Kästchen nach unten – ein Kästchen nach rechts – zwei Kästchen nach oben – ein Kästchen nach rechts – zwei Kästchen nach oben – ein Kästchen nach links – zwei Kästchen nach oben – zwei Kästchen nach rechts

Zur Kontrolle: Die Übung endet am unteren Rand des zweithöchsten Kästchens oben rechts.

Beispiel 2:

Anfang

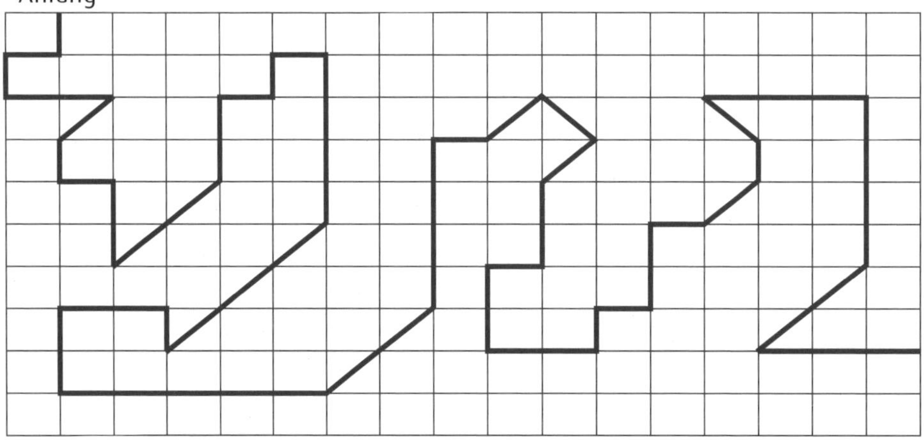

Beschreibung: Ihre Schüler*innen sollen im ersten Schritt auf dem leeren, karierten Blatt ein Feld von zehn Kästen (Höhe) und 17 Kästchen (Breite) umranden. Am Bildrand links oben ist die Übung zwischen dem ersten und dem zweiten Kästchen zu beginnen. Lesen Sie folgende Vorgaben vor, nach denen die Schüler zeichnen sollen. Diese Anleitung ist in einem höheren Schwierigkeitsgrad formuliert und könnte in einem höheren Tempo vorgelesen werden:

Eins runter – eins links rüber – eins runter – zwei rechts rüber – eins diagonal nach links unten – eins runter – eins nach rechts – zwei runter – zwei diagonal nach rechts oben – zwei hoch – eins nach rechts – eins hoch – eins nach rechts – vier nach unten – drei diagonal nach links unten – eins hoch – zwei nach links – zwei runter – fünf nach rechts – zwei diagonal rechts hoch – vier hoch – eins rechts – eins diagonal nach rechts oben – eins diagonal nach rechts unten – eins diagonal nach links unten – zwei runter – eins nach links – zwei runter – zwei nach rechts – eins hoch – eins nach rechts – zwei hoch – eins nach rechts – eins diagonal rechts hoch – eins hoch – eins diagonal links hoch – drei nach rechts – vier runter – zwei diagonal nach links unten – drei nach rechts

Zur Kontrolle: Die Übung endet am zweiten Kästchen unten rechts.

Varianten

1. Fordern Sie eine*n Schüler*in auf, sich ein eigenes Muster auszudenken und entsprechend aufzuzeichnen. Anschließend gibt er*sie die Anleitung und seine*ihre Mitschüler*innen zeichnen das angesagte Muster auf.
2. Teilen Sie Ihre Schüler*innen in Paare ein. Ein*e Schüler*in zeichnet ein Muster auf und gibt dem*der anderen die Zeichenanweisungen. Dann ist die zweite Person dran.
3. Zwei Schüler*innen zeichnen gemeinsam ein Muster auf und geben anschließend ihren Mitschüler*innen abwechselnd die Zeichenanweisungen.

Suchaufgaben

Material pro Schüler*in: 1 Arbeitsblatt (s. S. 83 oder S. 84) und 1 Stift

Alter Klasse 5–10

Zielsetzung
✓ Konzentrationsspanne verlängern
✓ visuelle Wahrnehmung trainieren

Durchführung Fordern Sie Ihre Schüler*innen auf, die Aufgaben auf dem von Ihnen ausgewählten Arbeitsblatt mit Übung 1 oder Übung 2 zu lösen.
Je nach Leistungsfähigkeit Ihrer Schüler*innen kann die Übung nur mit den Augen oder, in der einfacheren Variante, unter Zuhilfenahme eines Stiftes ausgeführt werden.

Lösungen für die Arbeitsblätter
Arbeitsblatt – Übung 1: Hamsterrad
Wie viele Hamster laufen im Rad? → 35 Hamster
Wie viele Hamster laufen nach links? → 7 Hamster

Arbeitsblatt 2 – Übung 2: Chaos am Himmel
Wie viele Vögel fliegen insgesamt? → 17 Vögel
Wie viele fliegen nach links? → 7 Vögel
Wie viele Fledermäuse fliegen nach rechts? → 11 Fledermäuse
Wie viele Fledermäuse fliegen nach links? → 11 Fledermäuse
Welches Tier ist fehl am Platz? → Kranich

Suchaufgaben – Übung 1

Hamsterrad

Wie viele Hamster laufen im Rad? ....

Wie viele Hamster laufen nach links? ....

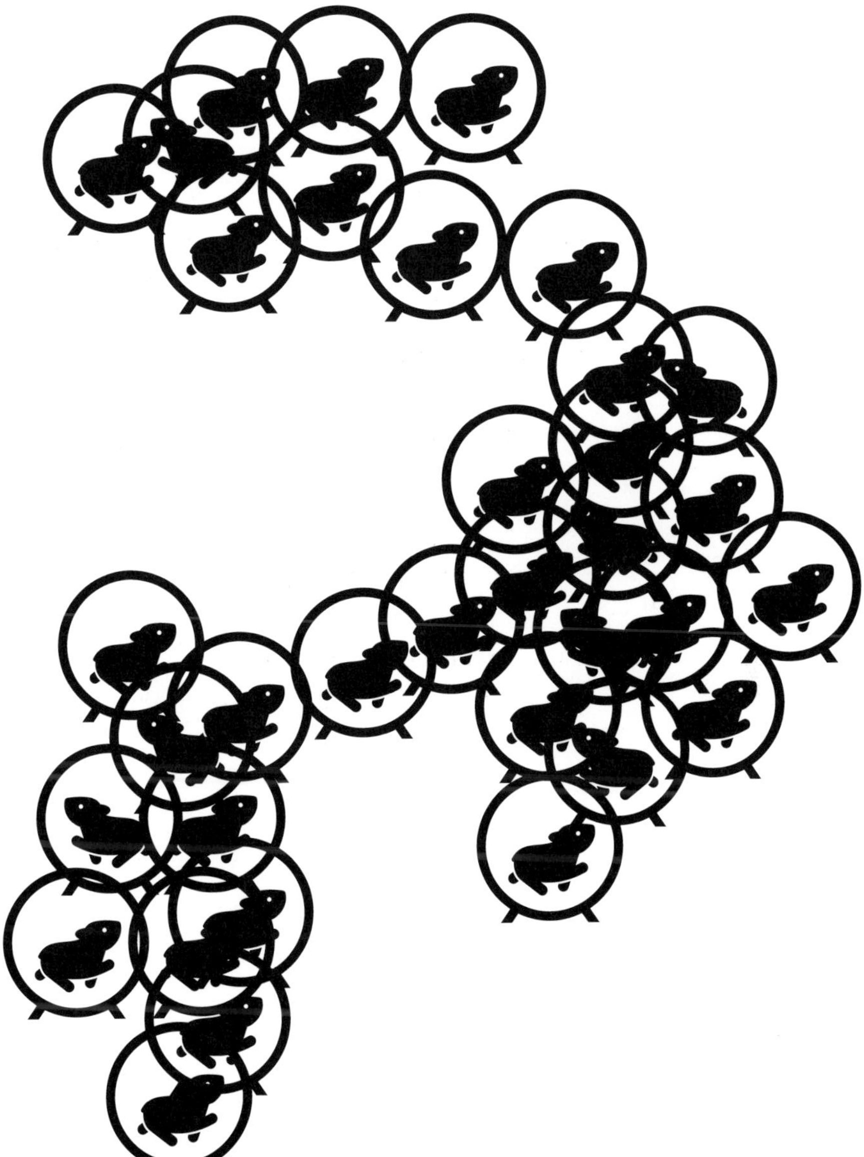

Suchaufgaben – Übung 2

Chaos am Himmel

Wie viele Vögel fliegen insgesamt? ....

Wie viele fliegen nach links? ....

Wie viele Fledermäuse fliegen nach rechts? ....

Wie viele Fledermäuse fliegen nach links? ....

Welches Tier ist fehl am Platz? ....

Symbole finden

Material pro Schüler*in: 1 Arbeitsblatt (s. S. 86) und eventuell 1 Stift

Alter Klasse 5–10

Zielsetzung
- ✓ Konzentrationsspanne verlängern
- ✓ visuelle Wahrnehmung trainieren

Durchführung Fordern Sie Ihre Schüler*innen auf, das Arbeitsblatt anhand der Arbeitsbeschreibung zu lösen. Je nach Leistungsfähigkeit Ihrer Schüler*innen können die Symbole nur mit den Augen oder, in der einfacheren Variante, unter Zuhilfenahme eines Stiftes gezählt werden.

Lösungen für das Arbeitsblatt

1. 7
2. 9
3. 13
4. 15
5. 13
6. 9
7. 15
8. 9
9. 8
10. 16
11. 11
12. 15
13. 13
14. 9
15. 14

Symbole finden

Zwischen den einzelnen Buchstaben findest du in jeder Reihe unterschiedliche Symbole. Schreibe am Ende der Reihe auf, wie viele dieser Symbole du jeweils gefunden hast.

1. ✈FGJZT✈XWZKL✈✈KNBRTZD✈MUHTSQ✈LZRCBP✈ ....
2. 🚲🚲KBD🚲AQ🚲MVRZET🚲🚲PUT🚲AQWCB🚲🚲LZ ....
3. ✏O✏KPVBE✏✏QYCZOI✏LÄ✏✏✏PB✏C✏✏G✏✏ ....
4. 📎📎KJTZ📎RUV📎📎📎MVRLKHT📎UI📎📎XNMRZ📎📎📎📎MBD📎PJTQ📎 ....
5. P☂QXAJ☂☂KZ☂LRV☂BC☂☂☂IZTGF☂☂H☂KN☂☂CI ....
6. MFW🍰🍰FTZ🍰LPB🍰YQO🍰🍰GMN🍰DUTE🍰QMVR🍰W ....
7. ✉ÖUR✉✉JBWA✉D✉HZ✉✉KL✉BT✉XYW✉✉✉P✉CI✉✉ ....
8. DR🦆TZ🦆MAW🦆🦆KGHCE🦆LPO🦆ZV🦆FREI🦆LZB🦆XWRI ....
9. 💡XUTW💡GRWUN💡MDRT💡💡ÖZBMX💡PDATR💡X💡WBU ....
10. 🍦ABEW🍦🍦🍦MUT🍦🍦PGWV🍦G🍦HRT🍦🍦QPO🍦🍦PMRT🍦ZU🍦AWC🍦🍦N ....
11. 🖱ZMR🖱🖱JUBC🖱NMTR🖱OP🖱🖱MBERH🖱VDS🖱FMBG🖱UZ🖱 ....
12. 🛒🛒ÖPJT🛒EXQ🛒UK🛒🛒🛒GFR🛒MCW🛒A🛒LNT🛒🛒EVSWP🛒Q🛒M🛒 ....
13. KL✋CS✋KUH✋LN✋✋RAL✋OP✋GRAN✋✋L✋VB✋✋✋XY ....
14. 🎧JET🎧HSWN🎧🎧LUXN🎧LUÄZR🎧BERXK🎧PZM🎧RTDW🎧MÄ ....
15. 🔓🔓KLRE🔓UZ🔓QCV🔓🔓LTZB🔓DUT🔓QXMU🔓🔓PGJ🔓🔓🔓CET🔓 ....

Verflixte Summensuche

Material pro Schüler*in: 1 Arbeitsblatt (s. S. 88) und 1 Stift

Alter Klasse 5–10

Zielsetzung
- ✓ Konzentrationsspanne verlängern
- ✓ visuelle Wahrnehmung verbessern

Durchführung Fordern Sie Ihre Schüler*innen auf, das Arbeitsblatt anhand der Arbeitsbeschreibung zu lösen.

> **Wichtig:** Weisen Sie bitte Ihre Schüler*innen noch einmal ausdrücklich darauf hin, dass sich manchmal die Zahlen auch überschneiden können.

Schüler*innen, die sehr schnell fertig sind, können zusätzlich noch die Gesamtsumme aller eingekreisten Zahlen ermitteln. Falls Zahlen doppelt eingekreist wurden, sind sie auch doppelt zu zählen. (Lösung = 714)

Lösungen für das Arbeitsblatt
Siehe Lösungsblatt S. 89

Verflixte Summensuche

Kreise in den senkrechten Reihen immer 3 oder 4 untereinanderstehende Zahlen ein, deren Gesamtsumme die Zahl **21** ergeben. Schreibe am Ende der Reihe auf, wie oft du die Summe 21 gefunden hast.
Achtung: Manchmal können sich die Zahlen auch überschneiden.

8	4	9	1	5	3	2	7	6	8
6	3	5	6	8	6	8	4	7	3
7	6	7	9	3	2	3	8	2	5
2	7	8	5	7	8	5	4	6	4
6	5	6	8	4	5	4	9	8	7
9	1	6	9	2	5	6	2	1	5
1	9	4	5	9	2	4	3	9	1
5	6	1	7	6	6	7	8	6	8
8	5	7	3	2	4	4	6	4	4
4	1	9	7	4	3	9	7	2	9
5	7	3	4	4	9	8	7	8	7
7	7	6	8	7	5	7	9	4	6
8	4	6	9	2	7	6	4	7	8
9	3	3	2	6	8	9	3	2	3
4	5	6	3	8	1	3	5	9	8
……	……	……	……	……	……	……	……	……	……

Verflixte Summensuche

8	4	9	1	5	3	2	7	6	8
6	3	5	6	8	6	8	4	7	3
7	6	7	9	3	2	3	8	2	5
2	7	8	5	7	8	5	4	6	4
6	5	6	8	4	5	4	9	8	7
9	1	6	9	2	5	6	2	1	5
1	9	4	5	9	2	4	3	9	1
5	6	1	7	6	6	7	8	6	8
8	5	7	3	2	4	4	6	4	4
4	1	9	7	4	3	9	7	2	9
5	7	3	4	4	9	8	7	8	7
7	7	6	8	7	5	7	9	4	6
8	4	6	9	2	7	6	4	7	8
9	3	3	2	6	8	9	3	2	3
4	5	6	3	8	1	3	5	9	8
4	5	4	3	1	4	4	3	3	3

Reality

Material
- ✓ pro Schüler*in: 1 Block und 1 Stift
- ✓ Gegenstände, die die Schüler*innen bei sich tragen

Alter Klasse 5–10

Zielsetzung
- ✓ visuelle Wahrnehmung verbessern
- ✓ bildhaftes Vorstellen trainieren
- ✓ Urteilsfähigkeit trainieren

Durchführung Bei dieser Übung sollen die Schüler*innen ihnen vertraute Alltagsgegenstände, die sie auch in der Schule bei sich tragen, in Originalgröße zeichnen. Insofern sollten die Gegenstände die Größe des Blocks nicht übersteigen. Lassen Sie die Schüler*innen den gezeichneten Gegenstand mit dem Originalgegenstand vergleichen.

Beispiele:
Handy – Fahrkarte – Haustürschlüssel – Geldstück – Bleistiftspitzer – Bleistift – Kugelschreiber – Radiergummi – Portemonnaie ...

Hinweis Diese Übung zeigt sehr anschaulich, dass Alltagsgegenstände häufig nur oberflächlich bzw. unbewusst wahrgenommen werden. Sie dient dazu, die Wahrnehmung für Alltägliches zu erhöhen.

Varianten

1. Lassen Sie Ihre Schüler*innen nach Ihren Vorgaben unterschiedlich lange Linien und unterschiedlich große Rechtecke aufzeichnen. Anschließend sollen die Schüler*innen ihre Zeichnungen mit dem Lineal nachmessen.
   Beispiel: 5-cm-Linie – Kreis mit 3 cm Durchmesser – Quadrat mit Seitenlänge von 4 cm
2. Fordern Sie Ihre Schüler*innen auf, eine Zeitspanne von 1 Minute zu schätzen und dann die Hand zu heben. Wer kommt am nächsten an 1 Minute heran?

Geheimschrift

Material
- ✓ pro Schüler*in für die Klasse 5–6: 1 Arbeitsblatt „Der Wettlauf zwischen dem Hasen und der Schildkröte" (s. S. 94)
- ✓ pro Schüler*in für die Klasse 7–10: 1 Arbeitsblatt „Der tiöhrcte Bcok"/„Der törichte Bock" (s. S. 95)

Alter Klasse 5–6 und Klasse 7–10

Zielsetzung
- ✓ visuelle Wahrnehmung verbessern
- ✓ Konzentrationsspanne erhöhen
- ✓ flexibles Denken trainieren

Durchführung

Für die Klasse 5–6:

Teilen Sie die Geschichte „Der Wettlauf zwischen dem Hasen und der Schildkröte" als Arbeitsblatt aus, jede*r erhält ein Exemplar. Aufgabe ist es, dass jede*r einen Satz vorliest. Um zu vermeiden, dass die Schüler*innen nur ihren Satz entschlüsseln, führen Sie die Übung nicht als Reihum-Übung durch, sondern rufen jeweils eine*n Schüler*in auf. Dadurch gewährleisten Sie, dass die Klasse mit ihrer Konzentration bei der gesamten Geschichte bleibt.

Für Sie zum Mitlesen:

Der Wettlauf zwischen dem Hasen und der Schildkröte

Der Hase machte sich über die Schildkröte lustig, weil sie so langsam war. „Du kannst mich in einem Wettlauf niemals überholen", sagte der Hase. „Hör mal, du Schnellläufer", sagte die Schildkröte, „ich werde dich besiegen!" Der Hase war nicht beeindruckt. „Jetzt bist du noch selbstsicher", antwortete der Hase, „aber wenn wir gegeneinander antreten, wirst du etwas erleben".

Sie legten die Strecke fest. Der Fuchs wurde der Schiedsrichter. Als er den Startschuss gab, machte sich die Schildkröte direkt auf den Weg. Obwohl der Hase sie sofort überholte, gab sie nicht auf und lief immer weiter.

Bald hatte der Hase die Schildkröte hinter sich gelassen. Als er sie nicht mehr sehen konnte, machte er eine kleine Pause. Er setzte sich unter einen Baum und schlief ein. Deshalb merkte er nicht, dass die Schildkröte ihn überholte.

Als er wach wurde, dachte er: „Ach, die langsame Schildkröte ist bestimmt weit hinter mir". Selbstbewusst lief er in Richtung Ziel. An der Ziellinie wartete jedoch schon die Schildkröte. Sie strahlte glücklich, weil sie das Rennen gewonnen hatte. „Siehst du, lieber Hase, ich habe es dir doch gesagt! Nur weil du ein guter Läufer bist, heißt das nicht, dass du nicht von einem langsamen, aber fleißigen Läufer wie mir eingeholt und überholt werden kannst."[1]

Für die Klasse 7–10:

Teilen Sie die Geschichte „Der törichte Bock" als Arbeitsblatt aus, jede*r erhält ein Exemplar. Aufgabe ist es, dass jede*r einen Satz vorliest. Um zu vermeiden, dass die Schüler*innen nur ihren Satz entschlüsseln, führen Sie die Übung nicht als Reihum-Übung durch, sondern rufen Sie den*die jeweilige Schüler*in auf. Dadurch gewährleisten Sie, dass die Klasse mit ihrer Konzentration bei der gesamten Geschichte bleibt.

Für Sie zum Mitlesen:

Der törichte Bock

Ein Fuchs fiel in einen tiefen Brunnen und wusste nicht, wie er wieder herauskommen sollte. Da kam ein durstiger Ziegenbock zum Brunnen. Er sah den Fuchs im Brunnen und fragte: „Lieber Fuchs, ist das Wasser im Brunnen gut?" Der Fuchs sagte: „Oh, das Wasser ist sehr lecker, komm auch herunter!" Der Bock sprang hinab, ohne darüber nachzudenken.

[1] Hausrath, August (Hrsg.): Aesopische Fabeln. Urtext und Übertragung. 3. Auflage. München: Ernst Heimeran Verlag, 1944, S. 51.

Als er seinen Durst gelöscht hatte, fragte er den Fuchs: „Wie wollen wir aber wieder herauskommen?" Da sagte der Fuchs: „Stelle dich auf deine Hinterbeine und stemme die Vorderbeine gegen die Wand. Dann mache deinen Hals lang! Ich werde über deinen Rücken und deine Hörner auf den Rand des Brunnens klettern und dir heraushelfen."

Der Bock tat, was der Fuchs sagte. Er streckte sich aus und der Fuchs kletterte auf seine Hörner. Von dort sprang er auf den Brunnenrand. Dort blieb er, tanzte vor Freuden und machte sich über den Bock lustig.

Der Bock aber machte dem Fuchs Vorwürfe, dass er sein Versprechen nicht eingehalten hatte. Da sagte der Fuchs: „Wenn du nur so viele Gedanken im Kopf hättest wie Haare im Bart, dann wärst du nicht zu mir in den Brunnen gekommen, ohne vorher darüber nachzudenken, wie du wieder nach oben kommen kannst"[2].

---

[2] Hausrath, August (Hrsg.): Aesopische Fabeln. Urtext und Übertragung. 3. Auflage. München: Ernst Heimeran Verlag, 1944, S. 37.

Geheimschrift

Der Wettlauf zwischen dem Hasen und der Schildkröte

Der Hase machte sich über die Schildkröte lustig weil sie so langsam war
Du kannst mich in einem Wettlauf niemals überholen" sagte der Hase
Hör mal du Schnellläufer" sagte die Schildkröte ich werde dich besiegen!"
Der Hase war nicht beeindruckt Jetzt bist du noch selbstsicher" antwortete der
Hase aber wenn wir gegeneinander antreten wirst du etwas erleben"

Sie legten die Strecke fest Der Fuchs wurde der Schiedsrichter Als er den Start-
schuss gab machte sich die Schildkröte direkt auf den Weg Obwohl der Hase
sie sofort überholte gab sie nicht auf und lief immer weiter

Bald hatte der Hase die Schildkröte hinter sich gelassen Als er sie nicht mehr
sehen konnte machte er eine kleine Pause Er setzte sich unter einen Baum
und schlief ein Deshalb merkte er nicht dass die Schildkröte ihn überholte

Als er wach wurde dachte er: Ach die langsame Schildkröte ist bestimmt weit
hinter mir" Selbstbewusst lief er in Richtung Ziel An der Ziellinie wartete jedoch
schon die Schildkröte Sie strahlte glücklich weil sie das Rennen gewonnen hatte
Siehst du lieber Hase ich habe es dir doch gesagt! Nur weil du ein guter Läufer
bist heißt das nicht dass du nicht von einem langsamen aber fleißigen Läufer
wie mir eingeholt und überholt werden kannst "[3]

[3] Hausrath, August (Hrsg.): Aesopische Fabeln. Urtext und Übertragung. 3. Auflage. München: Ernst Heimeran Verlag, 1944, S. 51. Aus didaktischen Gründen bearbeitet durch die Autorinnen.

Geheimschrift

Der tiöhrcte Bcok

Ein Fuhcs feil in eeinn tifeen Brnenun und wustse nihct, wie er wdieer hesaommurekn slolte. Da kam ein dseuigrtr Zonigbecek zum Benrunn. Er sah den Fuhcs im Bnreunn und frgtae: „Libeer Fhucs, ist das Weassr im Bnernun gut?" Der Fhucs stage: „Oh, das Wsaesr ist sher lekcer, kmom acuh hetunerr!" Der Bcok saprng hainb, onhe daüerbr nkehauzncedn.

Als er sneein Dusrt gcöeslht htate, frgtae er den Fuhcs: „Wie wlolen wir aebr wideer hosaemukremn?" Da stage der Fhucs: „Sltele dcih auf dneie Hnritebiene und smtmee die Vrenodiebre geegn die Wnad. Dnan mahce denein Hlas lnag! Ich wedre üebr denien Rükecn und dneie Hönerr auf den Rnad des Brenunns ktleetrn und dir heefaselhrun."

Der Bcok tat, was der Fuhcs satge. Er sketcrte scih aus und der Fuhcs ktlettree auf sneie Hnöerr. Von drot spanrg er auf den Brnnrenanud. Drot bleib er, taztne vor Fueredn und mahcte scih üebr den Bcok ltusig.

Der Bcok aebr mahcte dem Fhucs Vwrofüre, dsas er sien Vrseecrehpn nhict eehlgianetn htate. Da satge der Fhucs: „Wnen du nur so vilee Geakednn im Kpof htästet wie Harae im Brat, dnan wäsrt du nhict zu mir in den Bnrenun gemokmen, onhe vohrer daüerbr nakeuhncedzn, wie du wdieer ncah oebn kmoemn knnast".[4]

[2] Hausrath, August (Hrsg.): Aesopische Fabeln. Urtext und Übertragung. 3. Auflage. München: Ernst Heimeran Verlag, 1944, S. 37. Aus didaktischen Gründen bearbeitet durch die Autorinnen.

Walnuss-Challenge

Material
- ✓ pro Schüler*in: 1 Walnuss, alternativ: 1 Stein, 1 Kastanie o. Ä.
- ✓ pro Schüler*in: 1 kleiner Zettel, um den Namen zu notieren, 1 Stift

Alter Klasse 5–10

Zielsetzung
- ✓ visuelle Wahrnehmung verbessern
- ✓ Konzentrationsspanne erhöhen
- ✓ Arbeitsgedächtnis trainieren

Durchführung Jede*r Schüler*in bekommt eine Walnuss. Die Aufgabe der Schüler*innen besteht darin, sich die Walnuss ganz genau zu betrachten und sich Besonderheiten, wie z. B. Verfärbungen der Nussschale, einzuprägen. Geben Sie den Schüler*innen dafür 1 Minute Zeit. Anschließend sammeln Sie die Walnüsse wieder ein und legen sie für alle gut sichtbar auf dem Boden oder auf einem Schultisch aus.

Die Schüler*innen kommen in Gruppen zu vier bis sechs Personen nach vorn und legen ihren zuvor beschrifteten Namenszettel neben ihre Walnuss. Gibt es Nüsse, die nicht zugeordnet werden konnten, oder welche, die doppelt belegt sind?

Hinweis

Bei dieser Übung kann es sein, dass die „eigene" Walnuss nicht mehr wiedergefunden wird. Das Trainingsziel, etwas sehr genau zu betrachten und sich auf die Feinheiten zu konzentrieren, wird jedoch auch dann erreicht.
Die Namenszettel neben den Nüssen sind bei dem Überprüfen hilfreich, ob jede*r Schüler*in seine*ihre Nuss gefunden hat.
Wenn Sie diese Übung öfter durchführen, werden Sie feststellen, dass das Ergebnis immer besser wird.

Formen lesen

Material pro Schüler*in: 1 Arbeitsblatt (s. S. 98)

Alter Klasse 5–10

Zielsetzung
- ✓ visuelle Wahrnehmung verbessern
- ✓ Konzentrationsspanne erhöhen
- ✓ Arbeitsgedächtnis trainieren
- ✓ Inhibition stärken (spontaner Impuls oder Handlung soll unterdrückt werden)

Durchführung Jede*r Schüler*in bekommt ein Arbeitsblatt. Die Aufgabe der Schüler*innen besteht darin, die Form zu nennen und nicht den darin geschriebenen Begriff. Fordern Sie die Schüler*innen auf, gemeinsam laut zu lesen.

Varianten

1. Die Schüler*innen lesen reihum jeweils zwei bis drei Zeilen.
2. Die Schüler*innen sollen das Blatt vor sich mit der Leseschrift über Kopf halten. Zuerst lesen sie die Begriffe gemeinsam vor und in einem zweiten Durchgang benennen sie die Formen.
3. Die Schüler*innen nennen nur die Formen, in denen der Begriff „Herz“ steht. Bei allen anderen werden die darinstehenden Wörter gelesen.
4. Die Schüler*innen sollen bei der Form Wolke nur in die Hände klatschen, bei allen anderen die Form benennen. Je nach Leistungsfähigkeit der Schüler*innen können auch zwei oder drei Formen mit verschiedenen Bewegungen belegt werden.

Formen lesen

Nenne möglichst zügig die abgebildeten Formen, nicht die darin enthaltenen Begriffe.

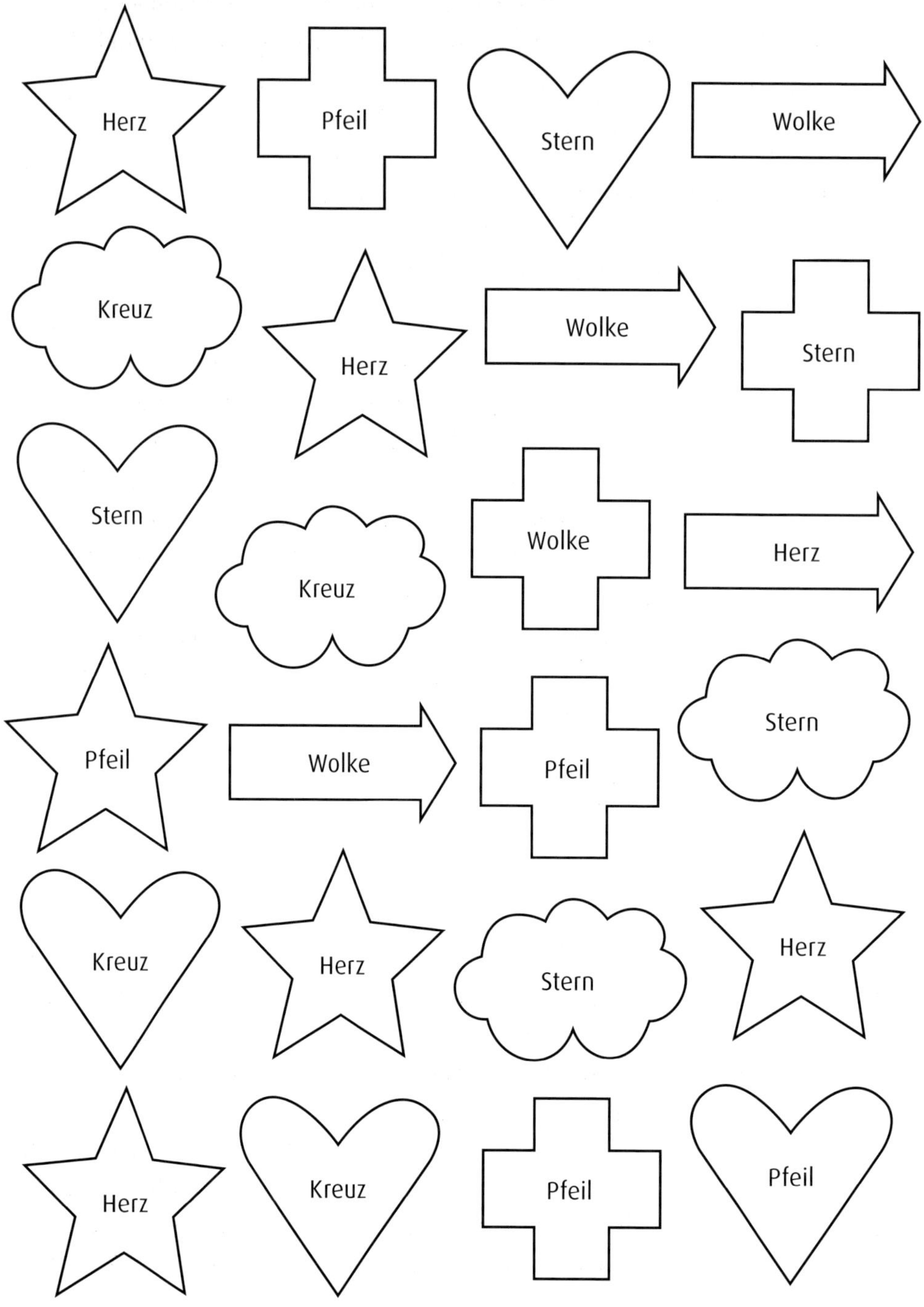

Wahrnehmungspotpourri

Material
- ✓ Stoppuhr
- ✓ bei Variante 3: Gegenstände aus dem Schulmäppchen
- ✓ bei Variante 6 – eventuell pro Schüler*in: 1 Arbeitsblatt (s. S. 101)

Alter Klasse 5–7

Zielsetzung
- ✓ visuelle Wahrnehmung verbessern
- ✓ akustische Wahrnehmung verbessern
- ✓ Konzentrationsspanne erhöhen

Durchführung Bitten Sie Ihre Schüler*innen, für 1 Minute ihre Augen zu schließen und auf alle Geräusche im Raum, außerhalb des Klassenzimmers und des Schulgebäudes zu achten und sich diese zu merken. Fragen Sie Ihre Schüler*innen im Anschluss, welche Geräusche sie wahrgenommen haben. Gibt es Übereinstimmungen und gegebenenfalls auch Abweichungen?

Hinweis Wenn Sie diese Übung regelmäßig durchführen, so zeigt die Erfahrung, wird die Anzahl der Geräuschwahrnehmungen Ihrer Schüler*innen steigen.

Varianten

1. Fordern Sie Ihre Schüler*innen auf, ihre Augen zu schließen und auf ihren Atem zu achten. Stellen Sie eine oder mehrere der folgenden Fragen:
   a) Geht der Atem schnell oder langsam?
   b) Ist der Atem tief oder flach? (Um eine Antwort zu finden, können die Hände auch auf den Bauch gelegt werden.)
   c) Werden noch andere Geräusche wahrgenommen, während ihr euch auf den Atem fokussiert?
2. Fordern Sie Ihre Schüler*innen auf, genau 1 Minute durch den Klassenraum zu gehen. Wer meint, dass die Minute um ist, bleibt auf der Stelle stehen. Merken Sie sich die Person, die bei einer Minute stehen geblieben ist bzw. dieser Zeit am nächsten kam. Brechen Sie die Übung nach 1 Minute

und 30 Sekunden ab. Messen Sie die Zeit mit einer Stoppuhr. Besprechen Sie mit Ihren Schülern*innen das Zeitempfinden, wobei Sie sich an der Person, die bei circa einer Minute stehen geblieben ist, orientieren können.

3. Sammeln Sie zehn Gegenstände aus dem Schulmäppchen Ihrer Schüler*innen, wie z.B. Anspitzer, Radiergummi, Filzstift, und legen Sie die für alle gut sichtbar auf Ihren Schreibtisch.
   Bitten Sie nun Ihre Schüler*innen, die Augen zu schließen. Wählen Sie einen Gegenstand und lassen Sie diesen auf den Schreibtisch fallen. Aufgabe Ihrer Schüler*innen ist es, den Gegenstand zu benennen, wenn Sie die Aufforderung geben, die Augen wieder zu öffnen. Eine Variante dieser Übung ist, wenn Sie die zehn Gegenstände nacheinander auf Ihren Schreibtisch fallen lassen und die Schüler*innen sich die Reihenfolge der Gegenstände merken sollen.
4. Fordern Sie Ihre Schüler*innen auf, durch den Raum zu gehen und sich diesen im Detail anzuschauen. Nach etwa 1 Minute rufen Sie „Stopp!". Die Schüler*innen „gefrieren" auf der Stelle ein und schließen ihre Augen. Dann nennen Sie einen Gegenstand aus dem Klassenzimmer. Die Aufgabe der Schüler*innen besteht darin, von ihrem Standort aus in die Richtung zu zeigen, in der sie den von Ihnen genannten Gegenstand vermuten. Zur Kontrolle dürfen die Augen wieder geöffnet werden und die Schüler*innen überprüfen, ob sie in die richtige oder falsche Richtung gezeigt haben.
5. Ein*e Schüler*in geht vor die Tür und verändert irgendetwas an seinem*ihrem Aussehen. Die Mitschüler*innen sollen anschließend herausfinden, was er*sie verändert hat.
6. Zwei Schüler*innen gehen vor die Tür und tauschen einen sichtbaren Gegenstand aus, wie z.B. Brille, Uhr, Schuh ... Die Mitschüler*innen sollen anschließend herausfinden, was sie verändert haben.
   Geben Sie das Arbeitsblatt, das Sie auf der nächsten Seite finden, an die Schüler*innen aus. Die Aufgabe der Schüler*innen besteht darin, innerhalb von 5 Minuten die gestellten Aufgaben im Klassenzimmer (oder eventuell mit Blick aus dem Fenster) zu lösen und zu notieren.

Wahrnehmungspotpourri

Notiere pro Zelle einen Gegenstand.

Finde etwas Rotes.	Finde etwas Eckiges.	Finde etwas rundes Grünes.	Finde etwas Essbares.
Finde etwas Süßes.	Finde etwas zum Trinken.	Finde etwas Altes.	Finde etwas Getrocknetes.
Finde etwas Zusammen-gebundenes.	Finde etwas, das einen Knoten hat.	Finde etwas, das die gleiche Farbe wie dein Oberteil hat.	Finde etwas Kaltes.
Finde etwas Raues.	Finde etwas aus Plastik.	Finde etwas mit Borsten.	Finde etwas Elastisches.

Tierbeine gesucht

Alter Klasse 5–7

Zielsetzung
✓ akustische Wahrnehmung verbessern
✓ Daueraufmerksamkeit stärken

Durchführung Lesen Sie Ihren Schüler*innen nachfolgenden Text langsam vor. Aufgabe ist es, alle Tierbeine im Text im Kopf zu addieren. Machen Sie zwischen den einzelnen Rechenaufgaben etwa 15–20 Sekunden Pause, damit die Schüler*innen genügend Zeit haben, die Ergebnisse zu errechnen.

Auf dem Bauernhof

Max macht mit seinen Eltern Urlaub auf dem Bauernhof.
Im Hühnerstall befinden sich sieben Hühner (14 Beine) und ein Hahn (2 Beine). Die Bäuerin sammelt zehn Eier ein, von denen sie für das Abendessen zwei Omelett mit Schinken backen wird.
Max geht mit Bauer Sepp in den Kuhstall. Er darf ihm dabei helfen, die acht Kühe (32 Beine) zu füttern. Dann geht es zu den Schweinen. Im Schweinstall warten bereits vier Schweine (16 Beine) und sieben Ferkel (28 Beine) auf ihr Futter.
Nach getaner Arbeit gehen die beiden ins Haus. Auf dem Weg dorthin begegnet ihnen Hofhund Rex (4 Beine) und die beiden Katzen (8 Beine) Minz und Maunz. „Na, kannst du mir sagen, wie vielen Tierbeinen du heute begegnet bist?", fragt Bauer Sepp.

Lösung:

14 + 2 + 32 + 16 + 28 + 4 + 8 = 104 Beine

Sabine Kelkel ist gelernte Apotheken- und Arzthelferin. 2002 wurde sie zufällig auf das Thema „Gedächtnistraining" aufmerksam und war sofort davon begeistert.
Sie arbeitet mit Erwachsenen sowie Schüler*innen und ist als selbstständige Gedächtnis- und Lerntrainerin tätig. Darüber hinaus bildet sie Seminarleiter*innen für das Gedächtnistraining aus. Ebenso leitet Sabine Kelkel Qi-Gong-Kurse.

Petra Jahr ist approbierte Apothekerin, zertifizierte ganzheitliche Gedächtnistrainerin und Kursleiterin für psychologische Gesundheitsförderung. Durch ihre Tätigkeit in der Prävention hat sie erkannt, wie wichtig es ist, mit Spaß und Freude die geistigen Fähigkeiten so früh wie möglich zu trainieren bzw. dem kognitiven Abbau entgegenzuwirken. Sie arbeitet in ihren Kursen mit Kindern, Berufstätigen und Senior*innen. Außerdem gibt sie Seminare und Workshops in großen Firmen und bei führenden Weiterbildungsträgern. Sie bildet Seminarleiter*innen im Bereich Gedächtnistraining und für die Stress- und Burnout-Bewältigung aus.

Gemeinsam haben Sabine Kelkel und Petra Jahr das Programm MemoBooster®, ein Achtsamkeits- und Konzentrationstraining für Kinder, entwickelt.

Kontaktdaten: info@memobooster.de
Webseite: www.memobooster.de

Doris Stöhr-Mäschl
10 Minuten für meine Schüler – Stress bewältigen
Mit effektiven Übungen Druck und Angst in der Schule entgegenwirken
Kl. 5–10 | 104 S. | 17 x 24 cm |
Best.-Nr. 978-3-8346-4047-5
16,99 € (D)/17,50 € (A)/21,20 CHF

Für diese kleinen, hocheffizienten Übungen zum stressfreien Entstressen ist immer genug Zeit: Sie brauchen (fast) keine Vorbereitung – und pro Übung maximal 10 Minuten. Vor der Stunde, vor einer Arbeit oder zwischendurch: Die Mini-Trainingseinheiten lassen sich bequem im Sitzen im Klassenraum durchführen. Einmal (ein-)geübt, können die Schüler viele Anti-Stress-Übungen auch zu Hause anwenden; sie werden achtsamer und auch das Klassenklima verbessert sich. Ob Atem-, Mental- oder Bewegungsübung; Fantasiereise, Entspannungs- oder Konzentrationsübung: So gelingt das Anti-Stress-Training selbst beim vollsten Stundenplan!